JN025027

1人称単数の哲学

ソクラテスのように考える

八木 雄二

春秋社

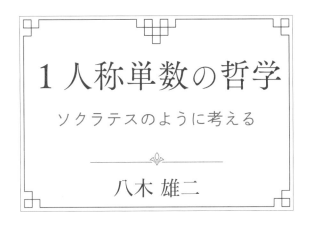

まえがき

これまで古代中世のヨーロッパ哲学に関して何冊か、自分で原著のテキストに当たり、自分なりに理解し、納得できたことがらを書いてきた。そのどれもが、他の人が考えたことを読者に紹介しようと並べたものではない。だから内容は独自なものだと誇れるけれど、同時に、古代中世の哲学の原著の筋書き（哲学の大系）に沿って書いてきたために、現代日本の読者にはわかりにくい側面もあったかと思う。哲学の研究者としては、研究対象にできるだけ誠実に向かい合おうとすると、そうせざるを得なかった。

言うまでもなく、哲学の原著者は、古代や中世の時代に生きて、哲学し、あるいは、話を聞いてそのままに、それを書き残している。したがって、原著の筋書き通りの説明は、この時代に生きる一般的日本人がもつ現実世界の理解とは、どうしてもそぐわないところがあるだろう。このことが原因になって、これまでの著作は「むずかしい」説明になってしまっていたかもしれない。

そう思ったのが、この本を書いた動機である。つまりこの本は、素朴に哲学に興味を持つ人に、古代から伝わるヨーロッパ哲学の精神を「現代性」を加味して説明することを、まずは目指している。

なかでも「ソクラテス」の哲学精神は、ヨーロッパ哲学の歴史を通じて、隠れた仕方で、底流をなして生き続けている。ただわたしから見ると、一般人に通りの良い解釈が施されることが多いために、かえって彼の哲学自体が稚拙なものであるかのように誤解されている。むしろ彼の哲学は、単純で純粋であるがゆえに、現代における一流の哲学者たちが陥っている哲学の混迷から抜け出す道を指し示している。じっさい、先年「ソクラテスの弁明」をあらためてを読んでみて、ソクラテスが話した「ことば」が正確に理解されずに、当時の社会に受け止められたことがわかってきた。そしてじつはそれが原因で、彼は裁判で死刑になったのだと、わたしには思えた。

当時も今も、社会のなかで「ことば」は、存外に、社会の有力者とその取り巻きによって捻じ曲げられて社会に広められやすい。このことは、一部の独裁政権のもとでだけ起こることではない。じっさい、最近では、アメリカでも起こったことである。日本ではないと思うのは間違いなのだ。有力者の「ことば」は、ほかの誰のことばよりも拡散され、対立する情報がなければ、人の心を支配する。そして「ことば」を直す力は、「情報」にあるのではない。対立した情報は、選択をわたしたちに迫るけれど、正しい選択をする力は、対立した情報にあるわけではなく、やはりわたしたち自身の理性（ロゴス）の力にあるとしか言えないのだ。

捻じ曲がって受け止められている「ことば」を、さまざま吟味して、本来の正しい形に直していくことが、ソクラテスが示した地道な哲学の仕事なのだと、最近になってわたしは理解できるようになった。すなわち、わたしたちが日常使用している「ことば」は、じつは社会のなかで頻繁に間違って用いられている。あまりに頻繁になっているために、頻繁にそれを耳にしているわたしたちは、多数者の用いているその「ことば」がまさか間違っているとは思わない。専門家の作成している辞書も、間違っている多数の意見をまとめるだけである。そのため「間違ったことば」を「正しいことば」として受け止め、それを疑わずに、人生について、人間について、あるいは、神について、世界について、または、愛について、正義について、わたしたちは考えている。そしてそのために、哲学は混迷に陥り、その結果として、わたしたちは幸福を見失っている。

どうすれば、よく哲学できるのか。少なくともヨーロッパ的には、正しく神を信仰するためには「キリストに倣う」にしくはないように、正しく哲学するためには、「ソクラテスに倣う」にしくはないのである。そしてそれがヨーロッパの哲学を学ぶもっともすぐれた道になることは、十分に請け合えると、わたしは言おう。

1人称単数の哲学——目次

第3章 「わたしの世界」を見つける

1人称単数の哲学

ソクラテスのように考える

第1章

理性の中の「個人」と「宇宙」と「社会」

1 心は、感覚と、「ことば」で動く

わたしたちは、たとえば音楽を聞いたとき、絵画を見たとき、あるいは、ある風景に出合ったとき、あるいは、スポーツの試合を観戦したとき、その姿と音に心を震わせ、大いに心が動かされる。あるいは、動物の仕草に癒され、あるいは文学作品や演劇の舞台に、強い印象を受ける。これらは一般的に善いものであることが宣伝されたものであるから、わたしたちは安心してほかの多くの人々と一緒に、自分の心がその印象によって動かされるままに、その感動を経験する。じっさい、映像に圧倒される経験をもつとき、わたしたちは自分の心が一時的にその映像に心がすっかり占められてしまっていることを意識することができる。多くのメディアが、その喜びを人々に伝える。

一方、日常、耳にするだけの「ことば」になると、わたしたちはあまり気にせずに聞いている。しかし、視覚を刺激するたんなる事物であっても、人がそれに注目するのは「ことば」による「名付け」があればこそである。たとえばタンポポを見たとき、その名を知ることによって、わたしたちはその姿を心にあざやかに印象付けることができる。一方、名を知らない鳥の姿をとらえたとき、その姿は明確に印象付けられない。じっさい一般的に感覚像の認識は、その名前を知ることではじめてしっかりと心に把握されたものになる。人間の名だけではなく、植物の名も、鳥の名も、知らなければ感覚像はぼやけたものになる。わたしたちの心は、感覚刺激だけでなく、そこに伴う「ことば」によって大きく変わる。

わたしたちは「ことば」がわたしたちの認識に及ぼす力について考えてみなければならない。たとえば「ことば」の発言者がほかの人であったとき、どの程度「他者のことば」に自分の心が大きく動かされているか、わたしたちは考えてみる必要がある。

自分が対象事物の名前を知ることによって、自分に見えてくる世界が翌日から異なるように、わたしたちは他者の発言を聞くことによって、その「ことば」に、いっときでも心は「占められ」、「支配されている」。人は、音楽や映像に心を動かされるだけでなく、それとは異なって、日常、ふだん遣いの「ことば」に、じつは大いに動かされている。音楽や映像なら、心は外から動かされているが、「ことば」の場合は、心は、内から動かされている。なぜなら、「ことば」は、自分の心が「それによって」動いている、あるいは、「それに合わせて」心が生まれ、心が維持され、心が育つ力だからである。

じっさい、わたしたちは「ことば」でいろいろなものごとを「考える」。今の映画は良かったとか、絵画は良かったとか、風景はすばらしいとか、印象を「ことば」にする。しかしそのとたん、わたしたちの心は、視覚に映った映像や聴覚に響いた音によって動くのとは異なって、直接その「ことばに沿って」、確実に動いている。

じっさい、「考える」はたらきをするのが、「心」である。そうだとすれば、「ことば」は、それが自分のことばであろうと他者のことばであろうと、「考える」とき、その「ことば通り」に心は動いている。それゆえ、それが「他者のことば」であるとき、それを疑わずに聞く「わたしの心」は、その「ことばに沿う仕方で」自ら動くことで、「自分の心の姿」を、いったんは内側からあらたにしている。そして他者のことばを疑うときでも、わたしたちは、とりあえず「相手のことば」に耳を傾ける。なぜなら、それが人間として誠実なことだからである。そして耳を傾けるなら、やはりわたしたちの心は、その「ことばに沿って」動いている。

じっさい、生き生きとした「ことば」によって伝えられたものは、直接にわたしたちの心に入ってきて、わたしたちの心を、日々、支配している。たとえその後に疑問が湧いてくるとしても、いったんは「他者のことば」に「己の心をゆだねる」のが、「ことば」に対するわたしたち人間の、通常の性である。

日常、わたしたちは、「他者のことば」は、それを聞いて、その意味を理解して、それに応じて答えなければならないと、無意識のうちに思っている。ふだん、だれかが口を開けば、それが何事であれ、「聞こう」とするのは、そうした理由があってのことである。なぜなら、「他者のことば」を理解しないことは、その「ことば」が通用している世界から「自分自身を切り離すこと」を意味するからである。わたしたちが前のめりで「他者のことばを聞こう」とするのは、自分が世界から切り離されることを、言い換えれば、孤独になることを、わたしたちが望んでいないからである。わたしたちは、自分が聞く「他者のことば」を理解することで、その他者が属している共同世界に、自分もまた属していることを、そのつど、無意識に確認する。

反対に、理解できなければ、わたしたちは「相手の共同世界」に自分が入ることができていないことを認めざるを得ない。そのときわたしたちは孤独を感じる。したがって、わたしたちは通常、「相手のことば」を、まずは理解しようとして聞く。しかしながら他者の言うことを理解しようとして聞くことは、相手のことばが意味するそのままに、自分の心のなかで「他者のことば」が再構成されることを、すすんで許すことである。そしてわたしたちの心は、ほんの一瞬であっても、そのとき相手のことばに「支配されるとき」をもつ。

2 「ことば」が「理性」である

なぜなら、「ことば」がはたらいているところに、わたしたちの「理性」のはたらきがあるからである。じっさい、「理性」は、古典ギリシア語で「ロゴス」'logos'であり、同じく「ことば」は、「ロゴス」だからである。したがって、相手のことばを聞き取っているとき、わたししたちの理性は、その「相手のことば」によって「相手の理性と同じように」再構成されている。とすれば、わたしたちの理性はそのとき、一瞬であっても、「他者のことば（理性）」に、確実に支配されている。

したがって、わたしたちは映像以上に、「ことば」に騙されやすいのである。しかも「理性的」であろうとすることは、「ことば」を大事にしようとすることだから、理性的であろうとしている人ほど、「相手のことばに沿って」無意識のうちに考えようとする。したがって、人は知的であるほど、じつは騙されやすい。それゆえ、ことば巧みに騙された人を笑うことは、むしろ理性的であろうと努めている人を笑うことである。

一方、他者が自分のことばを語っているとき、他者の理性は、その人物が語っている「ことば」によって構成されている。したがって、一方が話し、他方が聞いているとき、一方は他方の理性の「ことば」と、同じ「ことば」によって自分の理性を再構成している。それゆえ、二つの理性は、一方の発言された「ことば」において「協働」している。したがって、「ことば」が複数の人間の間で「通じる」ことが意味しているのは、「ことば」によって複数の理性が「協働する」事態である。

このことによって、人々の間で、何らかの協力が可能になる。人類は、かつては少数の集団で協力し合うことによって大自然の中で生き残りの道を見つけてきた。だとすれば、それは集団で同じ「ことば」をもつことによってであると、考えることができる。それゆえにまた、かつて人類が生き残りのために必要とした「ことば」は、文明が発展した今でも、わたしたちが他者との「協力体制」を築こうとしたとき、すなわち、他者と協力して何事かを成していこうとするとき、その傾向を強力に維持している。それゆえ、わたしたちは、むしろ自然に（ほとんど本能的に）「他者のことば」に、自分の理性の再構成をまかせてしまう。

3　「ことば」に騙される

じっさい、わたしたちは他者のことばに促されて、明らかに間違っているのにもかかわらず、つい言われるままに行動してしまうことがある。警察がどれだけ注意を促しても「ことば」だけの電話にわたしたちは騙されてしまいやすい。それは、「ことば」が、人類の心に宿している「協働のための一致」という原初的な力によるのである。すなわち、他者のことばであっても、その「ことば」は、自分の理性（判断力）を、いったんは構成する。

それは幾分かは遺伝的であって、わたしたちは、そのことにはまるで無抵抗である。わたしたちが、聞いた「ことば」の内容に疑問をもつ、あるいは不真実に気づく、ということは、ただ、自分のなかで、今までもっていた「ことば」との齟齬が感じられたときであり、その「ことば」

の内容を「あらためて吟味する」ことができたとき、そのときだけであって、吟味できなければ、自分の理性が受け取った「ことば」が、そのまま自分の理性の「真理」となる。すなわち、それが真実だと、信じてしまう。

それゆえ、いつもわたしたちは、自分の理性の判断で、他者に言われた通りに考え、疑問がなければ、その通りに行動するのである。第三者から見れば、夢遊病者のように見えるとしても、本人の理性は、人類の理性の設計通り協働的にはたらいているのであって、きわめて健全なのである。ナチス・ドイツの建設に際して、ヒトラーの巧みな演説は、「ことば」が人類に対しても一つ本質的なはたらきを見事に発揮した典型的な例である。そして演説に騙されたドイツ人は、無知だったのではなく、むしろ、生真面目に協働的で理性的であろうとしていた、と見られるべきだろう。

言うまでもなく、「騙される」という事件が発生するのは、一方に、騙す人間が居るからである。しかし、別の見方をすると、このような事例が示しているのは、むしろ「ことば」が、わたしたちが行動を判断するうえで、決定的な原因になっているという事実である。じっさい、ことば抜きに、臭いや絵や音楽だけで、人を騙すことはむずかしい。

したがって、「ことば」は、だれが発声するものであれ、またそれが正しいか正しくないかは別として、それを聞く人の間で同じ「理性」を構成し、同じ「判断」を構成し、それが人間の

「思考」と、それにもとづく「行動」を決定することは、普遍的に見られることである。

したがってむしろ、世の中で、「学問」とか「科学」とか「知識」とか「真理」と呼ばれるものが特別に必要とされ、評価されるようになったのは、人が、その名のもとに真理を見いだしたからではなく、反対に、人を騙す「ことば」が、わたしたちの周囲に頻繁に生じたからである。すなわち、わたしたちの間に欺瞞が横行するようになって、それに対抗するために、真理が求められたのである。そしてことばに欺瞞が生じた原因は、人々の間に、「協力」とは反対のもの、すなわち、「争い」が生じたからである。

人は集団生活をはじめることによって、一人では対抗できなかった自然の脅威に対して有効に対処できるようになった。しかし、人の集団が小規模なものから大規模なものになると、自然の脅威を乗り越えることはより容易になる一方で、今度は、人間どうしの争いに勝ち残ることが、個人が生き残るために必要になった。なぜなら、集団が大規模になると、同じ社会の中に見ず知らずの人間が多くなり、他者を騙すことで、集団内の勝ち組に入り、勝ち組の集団の力で、より容易に、より安全に、個人が生き残ることが可能になったからである。それゆえ、人間は、だれもが勝ち組に入ろうと、争い、競争する羽目になった。

このような理由で集団（社会）のなかに「人を騙すことば」が多くなり、それを人々が共有することが多くなると、それだけ多くの人が騙され、人は「迷う」ことになる。なぜなら、人の理性は「欺瞞的ことば」を心に取り込めば取り込むほど、「正しく考える」ことができなくなって、不安になり、迷うからである。とくに大規模集団のうちで勝ち組となった集団は、負け組の集団を従わせるために、自分たちに支配されることが「正しい」と思わせる「欺瞞的ことば」を繰り返す。それを人々の間に広めることによって、勝ち組は自分たちに都合のよい秩序を平和的に集団のうちに作り出してきた。

たとえば、「わたしたちの先祖はたいへんなことをして勝ってきたからこそ今がある。あなたがたの先祖はなにもしていないのだから、わたしたちのようになりたかったら、みんなのために、もっと苦労しなければならない」、「わたしたちは多くの義務を果たし、責任をとっているのだから、まだ義務を果たしていないあなたがたは、まずは義務として、仕事をして責任をとらなければならない」と並べ立てて。

そして社会にひろがる「欺瞞」と、人の「争い」は、必然的に人々の間に、生きる上での「不安」を広げる。なぜなら、人は不真実を感じるとき、「不安」になるからである。したがって、人々は「安心」を求めて、ごく自然に「真実を語ることば」を求める。これに答えたのが、科学者であり、哲学者であり、預言者（宗教家）であり、詩人（文学者）であり、あるいは、教訓家なのである。

以上が、わたしが想定する人類における「ことば」の転変の歴史である。

4 主語の人称により相違する言語

詩人、教訓家、宗教家は、アジアにも生まれた。しかし、今日的な科学や哲学を担う科学者や哲学者が生まれたのは、唯一、古代のギリシアである。古代ギリシアにそれが生まれた理由は、そこで用いられていた言語の特性による。すなわち、古典ギリシア語のもつ特性が真実を見いだす科学や哲学を作ったのである。したがってわたしたちは、古代ギリシアの科学や哲学の歴史をひもとくよりも、むしろ古代ギリシアで用いられた「言語の特性」に注目しなければならない。

古典ギリシア語では、動詞が三つの人称と、単数複数の違いにしたがって語尾の形を変える。これは日本語との間で大きな違いである。日本語の動詞は、人称（主語）の違いで形を変える言語ではない。ためしに、「愛する」、「歩く」という動詞を考えてみてもいい。主語の人称を「わたし」から「彼女」に変えても、それにつけられる動詞の形は変わらない。それと比べて同じヨーロッパの言語の内で手近なフランス語の文法書を開いてみれば、人称に合わせて動詞の形が変わることが、「動詞の変化表」に明示されている。

とくに英語のbe動詞（「ある」を示す動詞）では、古典ギリシア語は人称によって大きく形を変える。見方によっては、それぞれがまったく別の動詞である。ヨーロッパの言語全体にこの傾向があるのは、英語でも、am/are/is の違いにおいてよく知られている。かいつまんで言えば、科学、哲学が生まれた古代ギリシアでは、言語は、「人称を示す主語に従って動詞の形が異なる」。

ところで、動詞は、主語となるもの（ことばが指示している主体）が、どういう動きをしているかを表している。したがって、動詞が主語の人称の違いによって異なるとき、「動き」は同じでも、異なる主語のそれぞれによって、「違う仕方で」動いていることが、その「ことば」を聞いて理解する「理性」のうちにある。

つまり同じく「歩く」にしても、「わたしが歩く」と、「カメが歩く」は、ヨーロッパの言語では、「歩く」ことにおいて何らかの違いがあることを、動詞の活用の違いが表している。たとえば、「わたしが歩く」は、ラテン語では「アムビュロー」であるが、カメは3人称と考えられるから、「アムビュラッ」（それが歩く）である。つまり3人称なら、同じ人間でも、カメと同じに「歩く」し、1人称、2人称の「わたし」と「あなた」は、それとは違って「歩く」のである。

さらに違いが大きいbe動詞は、「ある」を一般的に表すが、「複数の事物がある」のと、「わたしがある」のと、「神がある」のとでは、「ある」の在り方がおのずと違うことを、ヨーロッパの言語は示している。たとえばラテン語では、「複数の事物がある」は、'sunt'である。そして「わたしがある」は、'sum'である。また「神」は3人称単数なので、その「ある」は、'est'である。このように、主語の人称によって動詞の形がまったく違っている。

すでに述べたように、「ことば」が「理性」を形づくる。それゆえ、「ことば」の形が違うという事実は、理性においてそれぞれの「理解」が異なることを意味する。したがって、人称（主語）によって動詞の形が異なるという事実は、主語によってヨーロッパの言語では「動詞の意味」が異なることを示している。じっさい、日本語ではいずれの「ある」の意味も「ある」でしかないが、ヨーロッパの言語では、主語が「生き物」になると、その動詞の「ある」のことばに「生きる」の意味が加わる。

したがって、ヨーロッパの言語で「わたしがある」とか、「神がある」と言うとき、その「ある」は、「事物がある」のと同じ意味での「存在」を意味しているのではなく、「生きている『存在』」を意味している。神を信じる人にとって「神の存在」は、つねに「生きている神の『存在』」である。事物的宇宙のような、たんなる対象物の存在ではない。

また、アリストテレスが有名な範疇論において、「ある」の「類比」（アナロギア）を語るのは、ギリシア語では、「ある」が主語によって異なるからである。

じっさいアリストテレスでは、「実体」は「それ自体で動く者」を意味している。したがって、それは「生きて在る」を意味する「存在」である。他方、「偶性範疇」は、「性質」とか「量」とか「時間」とか、それぞれ事物的側面を意味している。それは、ただの「ある」である。したがって、偶性範疇は九つ数えられていて、その「存在」の中に各範疇の違いはあるけれど、それでも事物的存在には「生きている」存在性格は含まれない。つまり実体を含めた十個の範疇の「存在」の意味のうちに、一つは「生きて在る」存在であり、九つは「事物的にさまざまに在る」存在である。たとえば、性質存在であり、分量存在である。共通性もあるが、それぞれ違うところがある。それゆえ、アリストテレスは、範疇を十個数えることによって、「違いがありながら共通な存在が、類比的に語られる」と言うのである。

同じ理由でヨーロッパでは、現代語でも「存在」は、その主語が人間ならば、まさに人間が「生きて在る」こと、すなわち、「生活」、ないし、「人生」を意味している。たとえばチェコの作家ミラン・クンデラの『存在の耐えられない軽さ』という恋愛小説の題名に言われている「存在」は、恋愛を交えた「人生」のことであって、事物的存在と同じ「存在」のことではない。ハイデガーの『存在と時間』も、「存在論」と言いながら、実際には事物存在を含めた「存在」全体を論じているのではなく、ただ「人間存在」を論じている。したがって、彼はアリストテレスの『形而上学』のように存在の全体を論じているのではなく、彼の「存在論」は、他の実存哲学と同様に、たんなる「人生論」である。

そして「存在」の意味が、主語と考えられるものの違いによってこのように変わるのは、すでに述べたように、ヨーロッパ諸言語は、「主語に従って述語の動詞の意味が異なる」言語だからである。

5 3人称の世界

一般的にヨーロッパの言語には三つの人称がある。そのうち1人称と2人称は、「わたし」と「あなた」なので、身近な具体的なものを主語に立てている。それと比べて3人称は、その主語が人間を示す「彼」や「彼女」であっても、発言者から「離れたもの」を指している。とくに、それが物体であれば、精神主体を意味しないだけに、はっきりと「わたし」や「あなた」から「離れたもの」を意味する。つまり「わたしたち」から離れた「まったくの客体」として、わたしの理性がそれを扱えることを、3人称は意味する。

ところで、認識論で言われる「抽象」(アブストラクト)も、もとのラテン語は「引き離す」ことを意味している。つまり「主体から引き離されるもの」が、「抽象物」である。したがって3人称で指示される「主語」は、一般的に「客体的で、抽象されるもの」だ、と言うことができる。つまり、それは文の中では「主語」の位置にありながら、「主体性格があるものとして」認識されるのではなく、その主語を口にする主体によって「対象物として」扱われている。つまり「生き物」であっても、3人称で扱われれば、それがもつ「主体性」は、3人称の表現によって「客体化」され、主体性をもつ具体物から切り離されて、「ことば」の中で「対象物」となる。

これに対して1人称2人称の世界は、その主語となる「わたし」や「あなた」は、主体性をもつものとして理性に迫る。本来からすれば、「ことば」になっているものは、自分自身とは異なる他者として、「このわたし」も、自分の理性に反省的にとらえられて、幾分対象化されていると見られる。しかし、それでも、1人称、2人称の世界は、完全には客体化されない。すなわち、「主観」を免れないでいることを、1人称、2人称の動詞は表している。

なぜなら、「わたし」は、「わたし」自身にしか発言することができない「主語」だからである。その動詞（述語）は、「わたしのみが見るもの」である。そして「あなた」もまた、「わたしから見て」相対する「主体的相手」でなければ、「あなた」ではない。そしてこの「わたし」や「あなた」が主語となる文は、日常会話に現われる文である。つまり1人称2人称の言語世界は、わたしたち個人の日常の世界である。

ヨーロッパの哲学の中で、客体の真理を扱うのではなく、人間の主体性を強調して考察する哲学が、人生訓を含む人生論風の哲学として、頻繁にヨーロッパの歴史に現れる。たとえば先に触れたハイデガーは、現象学から「指向性」を問題にすることを学んでいる。ところで、人間の「主体性」は、心がもつ「指向性」である。そうであるがゆえに、ハイデガーは存在の研究に際して人間の主体性の分析に向かった。

古代ローマのセネカは、人間の日常性を問題にするストアの哲学者の一人である。彼はソクラテスにならって、「友情や徳」について語る。デカルトも、「我」を始点とすることで、人間のもつ「情念」について論じる。

それに対して日本のわたしたちは、明治以来ヨーロッパの技術力に驚き、科学技術による産業立国を目指した。そのために学校で科学的真理（客体的真理）を学ぶことにもっぱら馴らされて、わたしたちの日常性を問題にする議論には、なかなか容易に入り込めない。日本人はそれを論理的に論じることがうまくできず、彼らの哲学を孔子の「論語」と同じように、「人生についての金言」として学ぶ。

しかしながらそれでも、わたしたちも、日常の生活において他者への共感が求められるとき、この種のことが問題になる世界に出合っている。たとえば、病理現象にしか興味をもたず、「人間」を見ない医者は、医者として失格ではないか、と言われるときである。患者に対して真摯に向き合うとき、相手（「あなた」）は、まずはもう一人の「わたし」であり、「生きている人間」であり、疾患に「苦しむ」人間である。それに対して医者が道具を通じて見る「疾患」は、相手の「わたし」から切り離され、3人称で扱われる「客体」である。医者が医術という技術を施す対象は、この疾患である。

心に現れるこの二つの世界は、同じ心に、同時に現れる二つの世界である。わたしたち日本人は、ふだん、この二つの世界を有効に区別する「ことば」をもたない。それゆえ、区別することを忘れている。しかし、じつは区別していなければ、「客体の真理」と「主体の真理」の違いを見分けることが、おろそかになり、自分が生きている世界についての理解が混乱するのである。日本語が人称による違いを見分けにくい言語であることが、この混乱の主たる原因なのである。

じっさい、1、2人称の世界は、「生きている主体の世界」である。それは主体から突き放された「客体の世界」ではない。生きている主体以外に、「わたし」と発言するものは無いし、「あなた」と呼び掛ける相手は、いないからである。それゆえ、1、2人称の世界は、いずれも「主観の世界」である。

そして、同じ1人称であっても、「1人称複数」（わたしたち）の世界は、「複数の主体の間」の世界である。その世界は、一見、「わたし」から「離れた世界」に見えるゆえに「3人称の客体世界」として扱いたくなるが、じつは「わたし」の主観を確実に含んだ「共同主観の世界」である。この世界は、一般に、「社会」とか、「世間」と呼ばれる。ところで、「ことば」は、社会一般に通じるという性格をもっている。それゆえ、「ことば」は、本来、「共同主観の世界」を土台にしている。それゆえまた、「2人称複数」（あなたたち）の世界は、「あなた」の主観を含んだ「別の共同主観の世界」である。それは「異邦人の世界」であり、「別の社会集団がもつ世界」である。

それに対して、すでに述べたように、3人称の世界は、単数であれ、複数であれ、対象を抽象物として完全に「客観視できる世界」である。それゆえ、3人称の世界は端的に「自然科学が対象にする事物的世界」である。

それゆえ、「理性」(ロゴス)が「ことば」を意味する古代ギリシアにおいて、合理的(理性と一致する)科学が生じたのは、ギリシア語が3人称の事象を表す動詞を、1人称、2人称とは区別してもつ言語であったからだと、まずは考えられる。

6 「数える」ことと「説明する」こと

古典ギリシア語には人称の違いによる動詞の活用とは別に、もう一つの注目すべき特性がある。すなわち「わたしが数える」ことも、ことばを「わたしが話す」ことも、同じく「レゴー」と言う。ところで、あることを「説明する」ことは、あることについて「話す」ことである。それゆえ、「数える」ことと「説明する」ことは、ギリシア語では同じ「話すこと」だと認識される。

そこで、日本語での理解から離れて、ギリシア語による理解に沿って考えて見ると、数には、1から始めて、2、3と続ける「順序」がある。数の「終わり」は見えないが、1が「始まり」であることは確かである。数えるときに、この順番は必然である。むしろ数えることは順番をつけることであるから、数に順序があることは、必然である。そうであるなら、すでに述べたように、「説明する」ことは「数える」ことだから、「説明」にも、「順序」がなければならない。すなわち、「始まり」があって、その「始まり」から、「説明」が行われなければならない。

　ところで、古典ギリシア語で「始まり」（アルケー）は英語の「原理」（プリンシプル）と訳される単語である。つまり、合理的（理性的）な説明は、「原理」（真理文）から始めなければならない。したがって、「原理」を見いだすことが、「説明」の端緒を見いだすことである。アリストテレスが、「原理による説明」を「科学の説明」として明確に論じるようになったのは、このように、ギリシア語の「ロゴス」（ことば）が、3人称の世界を語るときに、「順序」を要求するロゴスだったからである。

　ただし、科学の説明には、これとは異なるもう一つの観点がある。それは、事象の生起に「原因と結果」の関係を見ることである。しかし、「数」には「始め」はあっても「終わり」が見えない。それがあるのは、ギリシア文字にある「始まり」と「終わり」、すなわち、「アルファ」と「オメガ」である。ところで、「結果」の観点は、明確な「終わり」がなければ生じない。したがって、アリストテレスは、ここからの類推で、「原因」（アイティア）と「目的」（テロス）ないし「結果」の理解をもったのだと思われる。

　ところで、「数の順序」が世界を合理的に説明する科学の基礎になったことが明らかなら、数が世界の事象を「どのような仕方で表すか」ということが、ヨーロッパ科学の本質を表すことも、確かなことである。ところで、「数」は、客体世界の事象がもつ「比」を明らかにする。なぜなら、2は、1の「2倍」だからである。すなわち、それは「1対2」の「比」である。あるいは、1は3の「3分の1」、すなわち、「1対3」の「比」である。数のすべてについてこのことが言える。図形も同じである。たとえば正三角形の辺の長さは、一辺が1であるなら、どの辺も1である。すなわち、「1対1対1」の「比」である。二等辺三角形は二つの辺が「同じ数」で、もう一つの辺の長さが「別の数」である。

こうして、それぞれの数値が出れば、図形すらも、「比」として受け取られる。ピュタゴラスによって「協和する音」の間にも「比」が見いだされたことで、ヨーロッパの七音階の「音楽理論」が古代に生まれたことは、周知の事実である。そしてそれが基準となって古典音楽の秩序だった音色が生まれた。

近代に至っては、事物の自然運動の「距離」と「時間」が正確に計られ、そこから得られた「比」が、「自然法則」という名の科学の「原理」となった。自由落下の法則も、万有引力の法則も、すべては数がもつ「比」の形で表されている。

このように、ヨーロッパの科学は、ギリシア語の「ことば」がもつ性格に基づいて、「比」を「真理」と見なして、生まれたものである。周知のように、その成功は、自然世界のコントロールの成功をもたらし、その後のヨーロッパ世界を繁栄させる力となった。それはヨーロッパによる世界の支配に、大きな力を発揮した。そして、「3人称の世界の真理」が「人間のことば」（ロゴス）で説明されたことによって、3人称の世界（周囲の宇宙）に対する人間の「不安」は、その分、解消された。

しかし、1人称、2人称の世界は、別の世界である。

人間と人間の間には「争い」がある。その世界がもつ「欺瞞」は、科学の成功によって駆逐されることはない。科学の成功は客体的な世界の成功なので、みなが同じものを見ることができる。それゆえ、その成功は多数の人々の目に明らかで、わかりやすい。そのためにまた、その成功は1人称2人称の世界の欺瞞を、人々に忘れさせる興奮を引き起こす。すなわち、科学の成功は、人類の夢が、まるですべてかなうことを意味するように解釈され、宣伝される。しかし、科学はけして1人称、2人称の世界の欺瞞を駆逐することはできない。なぜなら、科学は3人称の世界の存在を明らかにするが、1人称2人称の世界の存在を明らかにはしないからである。

この世界の欺瞞に立ち向かう学問は、「哲学」しかない。

7　1人称2人称単数の世界と、1人称複数の世界

人と人との「争い」は、1人称と2人称の世界に起こることである。この「争い」は、1人称

2人称の世界に「不安」をもたらし、「迷い」を生じる。そしてその争いの種になるものは、「欺瞞を含むことば」である。わたしたちは、相手の何かに気づいて、それを「ことば」にするとき、そこに自分たちの勝手な解釈を持ち込むことがある。そして一部の人に都合のよい「ことば」が、いつのまにか、周囲の人々に広がる。人を中傷することば、人を誤解させることばが、人間どうしの間に生まれた「ことばの共同世界」(同じ言語社会)のなかに、いつのまにか入り込んでしまっている。すなわち、この共同世界に久しく通じている「欺瞞的ことば」こそ、人々の間の争いを終わらせない元凶であり、それにもとづく人々の「判断」、「行動」が、じっさいに争いを生み、継続させている。したがって、わたしたちはこの1人称と2人称の世界においてこそ、「正しいことば」を必要としている。

しかし、共同世界に通じている「ことば」とは、「わたしたち」という「1人称複数」が共同で抱えている「ことば」である。「わたし一人」(1人称単数)が考えている「ことば」ではない。なぜなら、「ことば」は、もともと「社会のもの」であり、複数の人々に通じるものとしてわたしたちの間に存在しているからである。したがって、ことばはつねに「わたしたちの」ことばである。そして「わたしたちのことば」とは、一般大衆が「認めている考え」を表す「ことば」である。それゆえ、その「ことば」には、「一般大衆の権威」による「裏付け」が与えられている。わたしたちは、この権威に裏付けられた「ことば」を身に付けることによって、ふだん、その共同社会の一員として「考えて、はたらいて、生きている」と言うことができる。

　わたしたちは、生まれ落ちたときから社会のなかで育ち、社会に適合したことばを学んで、いずれ社会の中で、社会に役立つ仕事をして生きていくことを期待され、その期待に励まされて育つ。言い換えれば、そのように自分の理性を作って、わたしたちは成人となる。したがって、わたしたちは、共同社会がもつことばを、受け取り、その「ことば」がつくる判断力によって生きることが、その社会で生きることだと考える。その「ことば」から離れることは、その「社会」から離れることを意味する。したがって、通常、社会がもっている「ことば」の「欺瞞性」を、欺瞞であるとは、わたしたちは考えない。生きていくために必要な真実であると、わたしたちは無自覚に受け取っている。

　たとえば、日本では、「権利」ということばは「自分の要求を主張してもよい資格」の意味で使われており、他方、「義務」は「しなければいけない」とか、その逆の「してはいけない」の意味で使われ、その結果に「責任」がともなう意味で使われている。

　しかし、「権利」と訳された英語はRightである。つまり「正しいこと」である。そうだとすれば、「権利を主張する」ことは「正しいことを主張する」ことである。他方、「義」とは「正」と同義語なので、「義務」とは、「正しいことに努める」の意味である。そうであるなら、「権利を主張することは、人間なら果たすべき義務である」という命題が、本来は、正しいに違いない。

ところが日本では「権利を主張する前に義務を果たすべきである」ということが、あたかも当然の（正しい）ことのように言われている。それに対して、近代市民革命を大々的に起こしたフランスのパリで、市民によるデモが盛んなのは、権利を主張することが人間の義務だという思いが、パリ市民には染みわたっているからだと思われる。

一方、日本人は、パリの騒動を見て、自己中心的な人が多いからではないかと、疑う。唯々諾々と黙してはたらく自分たち日本人の「協働的態度」を、わたしたちはむしろ誇るべきことだと考えている。しかし、そう思うのはなぜか、と言えば、組織の上に立つ人が、自分より下の人が、「権利を主張せずに、あるいは、それを優先せずに、義務（命じられた仕事）を果たして」ほしいと、願っている「ずるい思い」が、正当なこととして世間全体に受け入れられているからである。おそらくそのために、権利を主張せずに、義務とか、責任という「ことば」に押しつぶされてしまう人が、日本では多いのである。

じっさい、こういう話を聞いても、「責任のある行動とは、義務を果たすことであって、権利を主張することではない」という主張に、日本人は負けてしまう。日本人が共通にもっている言語世界が、「権利の主張」を「正しいこと」だとは認めないからである。しかし、正しい論理にしたがって、「正しいこと」をするのでなければ、「責任のある行動」にはならない。したがって、権利の主張は、責任のある行動であり、その反対は、無責任な行為なのである。そのように考えずに、「自分は組織に生かされているものとして、個人の権利を主張することより、仕事の義務を果たすべきだ」と自分を説得するとしたら、それはやはり、たんなる自己欺瞞である。

戦後になってイスラエルで開かれたアイヒマンの裁判が明らかにしたことも、この類いのことである。彼はナチス・ドイツで収容所のユダヤ人の大量殺害を指揮した。自分が善悪を判断することを回避して、上官の命令（すなわち、そのとき与えられた義務）をただ実行したことが、悪だと裁かれたのである。[1] そしてこのことが明らかにしていることは、他人の判断に盲目的に従うのではなく、自分で正しい判断ができなければ、後の時代から見て、責任ある行動をとっているとは判断されない、という事実である。しかも、自分の判断が周囲の人と同じ判断であれば正しい、ということではない。つまり「社会的協働性」を自分の行動や判断の尺度とすることは、人類の普遍的正義ではない、と決定されたのである。

ハンナ・アレントによれば、政権の考えと国民の考えが一致する国が「全体主義国家」であり、それに対して政権が国民の考えと一致していなくても、政権の考えのみで力の統治が成り立つ国が「独裁国家」である。[2] 中国の国民のように、政府の言うことをあまり信用していない国民を多く抱える国は、独裁国家にはなれても、全体主義国家にはなれない。それに対して、ドイツや日本のように、政権の言うことに同調しやすい国民を抱える国家は、容易に全体主義の国家になる。

それゆえ、「権利」の意味を、分からないように「ずらして教える」日本は、政権に同調して全体主義的になるための広い土壌を、今でも、学校で、インターネットで、日本語の辞書で、作っているのである。

この事実が示しているのは、わたしたちが日常的に使っていることばが、かならずしも「正しいことば」ではない、ということである。みなが心に懐く愛すべき社会の理想とは異なって、現実には、正しいことばだけでなく、欺瞞的なことばが、社会には、辞書の権威に裏付けられて通用している。男性中心主義の社会のなかでは、女性の立場は、貶められるか無視される。その理由は、そういう傾向をもつ「ことば」が、ふつうに男女に共有されているからである。こうして、正しさと欺瞞の両者を併せ持つ「ことば」によって、人間社会は、秩序をもつ集団を、日々、発展させている。したがってまた、逆から見れば、その「ことば」が欺瞞的であってもなくても、共同社会は、それを「正しい」ことだと前提して動いている。

すでに述べたように、社会がもつ「ことば」から個人が離れることは、その共同社会の秩序から個人が離れることを意味する。ところで、その社会がもつ共同価値の秩序は、その中に居る人間の生活の価値を支えている。したがって、個人がそこから離れることは、社会性（優劣の秩序）を背景とした「社会的に意味を持つ人生」から、個人が「離れる」ことを意味する。

言い換えると、そこから離れるとは、自分の行為が社会的評価を得ることができる社会性を、自ら失うことを意味する。じっさい、社会のうちに「優劣」（評価の視点）があることは、その社会が「何に」、あるいは、「どれに」より大きな価値を与えているかを表している。したがって「社会性を失う」ことは、その社会における評価を、マイナスでもプラスでもなく、「無」にすることを意味する。つまり「あなたはまったく価値のない人間だ」と、他者から評価されることを、自ら望むことを意味する。

かえって犯罪者なら、社会がもつ法律という尺度に合致して「あなたはマイナスの価値をもつ」と、明確に判定される。このことからすれば、法に反した犯罪者の立場は、周囲の社会と価値観（価値の尺度）は一致している。したがって、他者から見て「立派な人生」を送ることを望む人間は、欺瞞性をもっていようとも、社会に通用していることばを、けして否定できない。それゆえ、欺瞞性をもつ「ことば」も、立派に教科書に載り、学校で教えられるのである。

わたしたちは、すでに大規模な集団世界となった共同社会に生まれ落ちている。そこには「共同のことば」がすでにあり、日々、あらたにされている。しかし、共同世界に通じている多数のことばのうち、どのことばが正しく、どのことばが欺瞞的か、その区別が容易につくことはない。なぜなら、ほとんどの人は、その社会に生きていくために、そのことに気づく力を失っているからである。

しかし、そのような中で「正しいことば」を見つけることは、どのようにしたらできるのか。わたしたちは、共同世界に通じている「ことば」を、生まれ育つうちに学んで身に付けている。

つまりそこに通じている「ことば」で、自分の理性を構成している。したがって、すでに玉石混淆となった「ことば」によって、ものごとを判断している自分の理性がある。その理性によって、どうしたら「正しいことば」を見つけることができるのか。

その方法が問題である。

じっさい、同じ「ことば」を用いる人間は、どの人間も同じ共同世界の住人であり、同じ共同世界から「ことば」を学んでいるから、自分よりも少しでも、より正しいことばを知っている人間を周囲に見つけることは、やはり困難である。つまり、同じ時代の同じ社会のなかで、「だれか」にそれを公的に「教えてもらう」という道は、まずないと言える。

8 一対一の問答の道

ソクラテスは、「一対一の問答」を交わしたといわれる。彼は、現代ではまことに偉大な「哲学者」であると、社会から評価されている。ということは、彼のしたことが、今では十分な「社会性」を得ていることが見えている。つまり「権威」をもっている。ところが、ソクラテスがそれを自国のアテナイ市で実践した紀元前五世紀当時は、そうではなかった。彼は、社会の優位な者たちから事実、中傷されていたのである。しかも自分が見つけた「哲学の道」を、ソクラテスは大衆を相手に十全に「説明する」ことはなかった。

彼が政治家のように、「大衆相手の説明」をしなかった理由は、大衆を相手にして語られた「スピーチ（演説）のことば」は、同時代の社会の権威をもって使われる「ことば」でしかなかったからだと推測できる。すなわち、ソクラテスによれば、大衆に通じる社会のことばは、多数を相手にする「1人称複数のことば」、ないしは、「3人称のことば」だからである。それは「争いを含むわたしたち」の間で通用する「共同のことば」であり、それは必然的に、「欺瞞を含むことば」でしかないからである。

社会は、すでに述べたように、「欺瞞的なことば」に、多数者の権威（社会的権威）を与える。それゆえ、「ことば」が、大衆を相手にするスピーチの場面にとどまっていては、端的に「正しいことば」が発せられることはない。少なくとも、一方のソクラテス自身がどのように注意しようと、受け取る側は、ソクラテスのことばを聞いても、そのことばを、自分がすでにもっている「ことば」（理性）で理解するほかなく、「欺瞞的なことば」しか受け取ることはできないからである。すなわち、大規模な集団を動かすときのスピーチの世界に浸ることによって、ソクラテスの周囲に居た大衆は、スピーチ的「説明」を聞きたがる耳しかもたなくなっていた。

他方、ソクラテスは、「一問一答」の対話を行っていた。一つの問題を一方の一人が問いかけ、一つの答えを他方の一人が答えるのである。それは、一人一人が、素になることができる立場で、

「ことば」を交わし合うことであった。それはまた、互いを尊重し合う家族や友人の間ではじめて成り立つ会話である。他方、スピーチは、多数にはたらきかけ、多数の賛同を得ることによって、国家社会を動かす「ことば」であった。しかしそのためには、スピーチに使うことばは、社会にすでに染みわたっている言葉のイメージを用いるほかない。国家社会を動かすことばは、社会がもっている欺瞞を用いてはじめて機能することばであるから、スピーチで欺瞞を取り除くことはできない。なぜなら、欺瞞にもとづいて党派の争いがあり、その争いに勝つために、スピーチがあるからである。このとき、勝つことは欺瞞を取り除くことではない。欺瞞に対して欺瞞の説得で勝つだけのことである。

すでに述べたように、大規模な集団世界は、内外に争いをもち、そのために、「欺瞞的ことば」のやりとりに満ちている。それに対して、自分一人や、他の一人を相手にするときは、多数を動かす「ことば」は、かならずしも必要ではない。言うまでもなく、自分の社会的地位（多数を動かす立場）を意識せざるを得ないときは、「欺瞞的ことば」が一対一の問答においても不可欠になる。しかし、そこから離れることができる立場であるなら、素の「一人のわたし」に戻って、わたしは、素の「一人のあなた」と、話し合うことができる。

じっさい古代の町アテナイの片隅で、ソクラテスが「一人を相手」に話し合ったことがらは、「わたしが生きてある」、そして「あなたが生きてある」とき、「善美なこと」、つまり「善美に生きてあること」とは、どういうことか、また「正しい」とは、どういうことか、なのである。ソクラテスは、自分を信頼する「一人を相手」にすることによって、大規模な共同社会がもつ「欺瞞性」から離れ、自分が学んできた「ことば」において、それを問い、考えることができた。

ところで、「他者の一人」を相手にすることも、「自分一人」を相手にする問いも、いずれの場合も「一人を相手」にする問いである。そこで使われることばも、素の自分のままで使うことばである。それゆえ、自分一人で反省する時間において、人はまずは、嘘偽りのないことばで考えることができる。事実、ソクラテスは、「一人」立ち止まって長い時間思索にふけっていたことが、逸話としてプラトンによって伝えられている[3]。

このように、「ことば」をもつとき、実際のわたしたちの在り方である「一人一人」になって、素の立場で「ことば」に対するとき、たとえば、友人同士での会話のとき、大規模な社会の大衆の間にある「共同的なことば」を、人はかならずしも使うことを要求されない。つまり組織がもつ上下関係を維持することに貢献する「欺瞞性を含むことば」は、話す必要も、聞く必要もない。国籍も、人種も、性別も、学歴も、社会的地位も、財産もなく、一人の人間としてのみ、語り、相手の話を聞くことができる。そして自分だけでなく、相手の存在に、国籍も人種も性別も学歴も、氏素性も、まったく関係なしに、語ることができる。

そこでは、「ことば」が、固有の意味で1人称、2人称の「ことば」として使われる。じっさい、「わたし」と「あなた」の間で「ことば」が語られるとき、自分の社会的地位を意識する必要はない。少なくとも、二人の間が、たんなる友人として、社会的秩序と無関係であるなら、二人は素になって（正直に）問うことができる。そして素になって（正直に）答えることができる。むしろそういう中ではじめて、大衆社会のなかで通じ合っている「ことばの欺瞞性」を吟味することができる。すなわち、一人一人、互いに相手を尊重する友人関係に自分たちを置くことによって、人は社会秩序をもつ組織から、自分の心を離すことができる。単純に、一個の「わたし」と、一個の「あなた」という関係にのみ、二人は立つことができる。そしてこのことによって、社会がもつ集団組織性から生じる「ことばの欺瞞」に気づき、わたしたちはそれを吟味することができる。

したがって、ソクラテスが教え子たちに、自分を「先生」とは呼ばせずに「友人」と呼ばせた理由は、明らかである。ソクラテスの問答は、友人どうしの平等な個人の間の問答であった。その問答によって日頃耳にしている「欺瞞的ことば」を吟味して、わたしたちが「正しいことば」で「正しく理性をはたらかせる」ことができる人間となることを、彼は目指したのである。

9 共同的真理の欺瞞的説得

しかし、「ことば」を吟味して、何が正しいか、何が真であるかを見つけるためには、規準が必要である。つまり、何をもって真理だと言うことができるか、である。なぜなら、欺瞞と真理の区別ができる規準とは、欺瞞の規準ではなく、真理の規準だからである。しかし、1人称、2人称の真理は、「主観の真理」である。その真理は、これまであまり検討されてこなかった。なぜなら、主観的真理は、客観的でないゆえに、「真理ではない」と、一方的に共同社会によって見なされてきたからである。

それゆえ、主観的真理について検討するためには、その前に、客観的真理をわたしたちの社会がどのように受け止めているかについて検討しなければならない。なぜなら、3人称で扱われる「事物世界の真理」は、事物それ自体ではなく、事物について科学者が見いだした「科学者たちの真理」だからである。わたしたちは、この二つを切り分けて見なければならない。すなわち、「事物世界の真理」と「共同世界の真理」の関係について、検討しなければならない。なぜなら、客体的事物的真理は、多くの哲学者によって、すでによく検討されてきたが、それに対して、共同的世界の真理については、検討されることが少なかったからである。

たとえば、見た目には黒っぽい鉱石が金であるかどうか、見つけるためには試金石が必要である。あるいは客観的に、あるものの長さがどれほどか、正確に測るためには、尺度が必要である。こうしたことを見るなら、科学的真理の試金石であり、尺度であることとは、その事象について、だれにとっても明らかな説明の原理であること、観察された事象から正しい推論を経て結論を得たものであること、また、その説明は、だれであろうと確かめることができる実験や観察によって得られる事実に沿った説明であること、である。

これらの自然科学の真理の規準（尺度）は、3人称の世界の真理についての規準である。とはいえ、それは3人称の世界についてわたしたちの間に認められている「共同主観」（一般的観念）を表す「ことば」を使って述べられている。なぜなら、3人称のことばが表す世界には、わたしたちが同定できる事物があるだけであるが、それでもそれは、「わたしたちのことば」がとらえるものでしかないからである。その「ことば」は、おもに3人称の世界を同定する「数」であり、「数の間の関係（比）」である。ところで、3人称の世界であっても、わたしたちが見ている世界は「共同主観」であるほかない。ただし、すでに述べたように、3人称のことばが表す事物の間には、人間どうしの「争い」は入り込まない。つまり3人称の「ことば」に欺瞞性を含ませる利害関係が、科学が描く事物の間にはない。それゆえ、人間が自分たちから切り離して扱うことができる3人称の世界では、欺瞞性が持ち込まれる「必然」はない。

言うまでもなく、一般社会の中には、事物に自分たちを投影する心のはたらきはある。そのときは、1人称、2人称のことばが、通常は3人称で言われる世界に関して使われる。たとえば「人が悪いのではない、病原菌が悪い」という言い方だ。本来、「善い、悪い」は、1人称、2人称の世界において使われることばである。なぜなら、道徳性は、主体の真理性、すなわち、主体の正しさだからである。

したがって、事物世界について善悪を言うことは、比喩に属することである。科学が打ち破らなければならない既存の誤りは、3人称の世界の誤認であって、1人称、2人称の世界に頻発する欺瞞ではない。3人称のことばによる世界表示の誤りは、3人称の世界の実験や観察の道具、また数学的論理によって、十分に打ち破ることができる。

3人称の世界は、どの共同的世界の住人にとっても「客観的事象」として実験や観察のなかに出現する。しかも、その結果得られる真理は、どの共同世界にとっても、自分たちの繁栄のための道具となる。どんな対象であれ、その対象の正しい理解は、その対象を統制するうえで、最高度に役立つからである。つまりその真理は、共同世界から嫌忌の対象になる可能性はなく、むしろ熱心な愛求の対象になる。それゆえ、科学が打ち破るべき欺瞞は、3人称の世界における「誤り」であり、「道具にできるもの」についての「認識の間違い」である。それは、人間の間に起こる「争いの種となる欺瞞」ではない。したがってまた、科学は新しい道具によって、より容易に、客観的真理を見いだすことができる。

すなわち、科学は3人称的事物の真理を見いだすが、その真理は、社会共同体にとって、つねに役立つ「道具的真理」であるから、社会共同体のなかで通用している「欺瞞的ことば」と矛盾することはない。なぜなら、「欺瞞的なことば」は、利用する人間の側の「欺瞞性」だからである。それは「道具」の側の真理性と矛盾しない。

じっさい、既存の大規模共同世界の「欺瞞性を含むことば」によって構成される理性は、自身を構成する「ことば」の力によって、共同世界の繁栄に役立つ真理を追究する。共同世界の「ことば」は、それが欺瞞性をもっていても、それとは無関係に「共同世界のために役立つ理性」を構成するからである。たとえば、原子力のように、生命的環境を極度に破壊する技術であっても、無理なく、「科学」によってつくられる。技術は人間社会の「道具」に過ぎないからである。道具には、1人称、2人称で扱われる主体がない。それゆえ、道具自体に善悪はない。善悪があるのは、それを用いる主体の側である。

それゆえ、科学がもつ「ことば」が、3人称の世界に専門的に適合して客観的な真理であることと、人間どうしの間で生まれる欺瞞性、つまり経済活動に利することばかりに偏重する欺瞞性とは、何ら矛盾しない。そしてその種の理性は、道具として「共同世界に役立つ真理」を、問題なく、愛求する。

つまり、個別の理性は、現実には共同世界から「共同のことば」を学んで、そのことばによって、自分のなかの「協働理性」を構成する。その理性は、個別の理性の個別性格を失い、その「共同世界の理性」（わたしたちの理性）という特定の「普遍理性」になる。たとえば天文学の学界から「ことば」を学べば、「天文学者の理性」となり、また宇宙物理学の学界から「ことば」を学べば、その人は「宇宙物理学者の理性」になる。

その理性は、その共同体の繁栄に資する自己のはたらきのうちに「自己の存在意義」、すなわち、「自己のアイデンティティー」を見いだすことができる。その理性は、自分のうちに在る自己性を、むしろ無益な利己性と見なして、他者との共同性に我が身を捧げることを「社会的正義」と考えることができる。他方、共同体は、自身の共同体のために役立つ個々人の理性（社会のために協働する理性）をつくるために、日々、教育・啓蒙活動に邁進する。それは大規模な教育、広報、宣伝のかたちをとる。こうして個別の理性が自己の主体性を意識して、自分の行動の「善悪」を考えても、「科学の研究」に「悪はない」ということばに負けてしまう。

その議論に負けてしまうのは、日本では、1人称、2人称の道徳的議論が、主観的であることが理由となって、真理としての価値を低く見積もられているからである。科学者の判断、行動が、科学的であることを出ないなら、つまり科学者個人の主体性が考慮されないのなら、その判断、行動は、科学者自身には善悪が「無いもの」と見なされている。科学者個人は、一人一人、生きている（主体性をもつ）人間であるから、その判断、行動には、善か悪か、の違いが、実際にはある。つまりその判断行動には、他の人と同じく、責任が問われる。じっさい科学者は、その判断、行動が科学的であれば「善い」のではない。また医者は、その判断、行動が医学的であれば「善い」のではない。人の判断や行動は、各個人の主体の判断であり、行動である。そうであるかぎり、主体の真理、すなわち、「主体の正しさ」が、そこには普遍的、必然的に要求される。

しかし、現実の共同社会では、科学者は人々の道具をつくるための道具としてはたらいているとみなされている。そのために、科学者は科学的でありさえすればいい、医者は医学的でありさえすればいい、という教育活動が、日々、暇なく行われている。社会集団の維持管理は、各自が社会の道具で居てくれなければできないからである。ところが、個別の具体的（個人の）理性は、じつは普遍的理性にはなりきれないし、なることに、つねに抵抗を感じている。つまり、生まれながらの理性は、社会から普遍的知識を学んで普遍的理性になる力をもっているが、それ自体としては、つまり具体的現実的には、たとえば家族の中で、実際の理性は個人的であるままである。したがって、この現実的な側面を削除しないかぎり、理性は、自分の個人性を、社会の表舞台からは隠しても、自身のうちに、もやもやと、不明瞭に保持し続ける。

それゆえ、個人性は、共同性（協働性）がゆるむたびごとに顔を出す。つまり社会の仕事から離れる休みの日には、あるいは、友人と過ごそうとするとき、「わたし」の個人的理性が息をつこうとする。しかしながら、本当の自分に戻ろうとする理性が、社会のなかで増殖してしまうと、「協働社会」は崩壊する危険がある。なぜなら、社会はそれを維持するための「欺瞞性をもつことば」によって、何とか維持されているからである。だから、社会は「欺瞞性を含むことば」を、マスコミによる宣伝を通じて社会に広め、休日にも、頭のなかだけは社会のために動く時間を、多数の個人のうちにできるだけたっぷり取ろうとする。

社会は、個々の人間が「社会に役立つ人間」となることを、「社会正義」として人々に訴え続ける。つまり「仕事をもつ人間が価値のある人間だ」と、教えている。世の中に流されている情報は、そうした「ことば」を、たっぷりと含んでいる。そして人々は、その「ことば」を聞いて、日々、仕事場ではたらくことで、自らの理性を他者に認められる「共同世界の理性」で在らしめようと、努力している。

理性は、それが欺瞞的であろうとなかろうと、社会に通用している「ことば」を通じて、社会に「普遍的な認識をもつ人間」と認められるものになる。しかし、他方、現実の個々の理性は、相変わらず「自らの主体」、すなわち、自身の身体においても、自身の思考においても、活動する「主体」である。そして、普遍的認識を道具として「用いる」のは、善悪を判断するその主体である。社会が「ことば」を通じて、つまり「普遍的認識」を通じて、理性のもつ認識を「共同化」しても、一方で個々の人間が、個々の「主体である」ことは、原理的に「共同化」できない。

繰り返すが、社会は、普遍的認識を通じて、個々の主体が自分自身を「共同的理性」と思い込むように導いている（自身をそのような姿に構成する）。それができる分だけ、個々人は「共同化」する。つまり個々人は協働社会と馴染む「道具」となり、周囲の社会から見て「良い人」になる。たとえば、社会は教育を通じて、個々の理性が国籍に執着する理性になるようにつくることができる。わたしたちはその種の人々を、ときに見る。たとえば、特定の会社人間、ナショナリスト（自国第一主義者）、等々、理性自体が、まるで生まれつきその種の型にはまったものであるかのようにふるまう理性である。

また理性は、広く社会に通用する「ことば」によって独自の主体性を見失うばかりか、理性の対象となる世界は、3人称の世界に限られると、思い込みやすい。とくに自然科学の成功によって共同世界が繁栄するのを見て、自然科学が見いだす3人称の世界の真理こそ、理性が究明すべき世界の真理のすべてであると、思い込む。なぜなら、すでに述べたように、共同世界はその「ことば」を通じて、人間をその共同世界に役立つ人間となるように、教育し、説得し続けるからである。

じっさい、わたしたちは、主観的であるもの（たとえば個人的意見）は、客観的であるもの（たとえば知識）によって、置き換えられるべきだと、学校で、人生の初期に教えられる。主観的意見は、主観的である（各人各様である）という理由で、社会においては、ほとんど無意味であると見なされる。各人は、むしろ客観的な認識をもち、それに基づいた発言、行動を取るだけ、社会的価値を代表することができると見なされ、そのような尺度のもとに、互いを尊重する。

まさにそれゆえに、「家庭的な個人」という立場は、社会の中で価値が低いと見なされ、それを担う個人は、自分の社会的価値に疑いを懐いてしまう。そしてそれとともに、家庭的でしかない話題は陳腐な事実として、ことに社会で活躍する人間によって貶められ、軽視される。こうして学校教育に始まる社会教育は、家庭にある「素の個人」が「素の個人」と向き合う「ことば」を受け止めることに、不慣れな人間をつくる。

家に帰った会社人間が、食事や子どもの教育問題など、家人の「ことば」にうんざりするのは、聞かされる「ことば」が、まさに「個人的なことば」だからである。それは、「1人称単数から2人称単数へ向かう」ことばである。すなわち「わたし」が「あなた」に問うことばである。

ソクラテスが裁判で訴えられた問題の一つは、若者の教育問題であった。訴えたメレトスは、人間の教育は広く社会的になされるものだと主張した。それに対して、ソクラテスは、真の教育は個人的でしかありえないと主張した。[4]さらに、ソクラテスが『弁明』でさまざまに述べているように、町なかで人を呼び止めて始められる彼の問答は、一人を相手にする一対一の問答であった。それは家庭人が会社人間を相手にするのと同じ種類のことばを使った問答である。[5]大衆相手の演説のことばではない。まさにそれゆえに、彼の問答を前に、多数を相手に雄弁を誇る政治家や作家など、当時社会的に活躍する人間は、大いに戸惑った。しかしこれは、現代において、会社人間が家庭問題にうまく対処できないことと、類似のことなのである。

10 「道具」認識の尺度

ところで、すでに述べたように、1人称、2人称の個人的世界から離れた3人称の世界は、理性主体が便利な「道具」として見いだす世界である。そこには理性が「対象化する」（自身から引き離す）すべてが含まれている。すなわち、自身を含め、自分が自分のために利用したいすべてが、3人称の世界に含まれている。すなわち、真理はどれも、3人称の世界（自分から切り離すことができる世界）の一部として記述されるゆえに、理性はそれをすべて「道具」として見いだすことができる。したがって、自分が生きる対象世界として3人称の世界を見いだす理性は、自分がそこで生きていく「対象世界」を、「基盤的道具」として見いだし、同時に、「諸真理」を、自分が対象世界の中で生きるためのより具体的な「道具」として手に取る。

このような世界しか見ない理性は、自身を含めて、一人一人が主体性をもつ世界を見ていない。つまり責任をもつ判断、主体的行動が存在している世界を見ていない。本人が見ていると思っている世界は、責任を取っているように見える行動を取るためのマニュアルである。それは3人称のことばで記述されているので、1人称、2人称のことばが理解できなくても、それを理解し、それに沿う行動を取ることができる。しかし、相手を見ているのではないから、相手を理解しているのではなく、たんに社会に対して、基本のマニュアル通りであることが明らかなだけである。とはいえ、その行動は、一般社会の目から見れば、まったく「善い」ものである。

ところで、「道具」は、何らかの目的で使われる。したがって、道具的人間は、何らかの目的のもとに道具を眺める。それゆえ、ある人は、基盤的道具と見なした対象世界の全体が繁栄するように、またある人は、それが自分にとって都合の良い世界にかわり、それを維持発展させることができるように、自らの手もとの諸真理を用いる。こうして、特定の主体がより生きやすくなるために、人間を含んだ世界全体が、「利用の対象」とされる。

そのような生き方が、理性のすべての生き方であると、「共同化を理想とする理性」は考える。このように考える理性は、また、「道具的認識」が「人間理性がもつ正しい唯一の認識方法」であると、端的に宣言する。そして「道具的認識」が、「人間理性の本質的特有性」であると、端的に結論する。しかし、このような理性が、個々人の価値の特有性を見いだすことはない。なぜなら、道具のうちに見いだすものは、一定の尺度に照らされた相対的な価値だけだからである。

それに反して、本来、個人の特有性は、絶対的な（他者と比較してのものでない）価値である。もしも個人が多数の中の一つとのみ見なされるなら、個人の価値は他者との比較のなかで相対化されるほかない。たとえば、担任の先生が、「あなたの学力は、学校教育の価値尺度によれば、平均以下だ」と言うとき、また親が子供に、親どうしの価値尺度によれば、「あなたのお姉さんは」あるいは、「あなたのお父さんは」と言って、個人を別の人間と比較するとき、「あなた」がもつ特有の価値は、けして理解されることはない。

ところで、科学が真理を見いだすときに用いる規準は、道具の真理を人が見いだす規準となるものである。なぜなら、科学的認識は、すでに説明した通り、一般的に「道具的認識」だからである。それは、人間理性の特有性は「道具使用」であるという理解にもとづいている。じっさい人間は「道具を使う動物である」と、科学の世界で定義されてきた。だとすれば、「道具使用の世界が、人間理性が見いだす固有の世界である。ところで、それは3人称的（客観的）真理がある世界である。それゆえに、人間理性が対象を認識するに際して規準とするものが、そのまま科学が対象をとらえるときに規準とするものである」と結論できる。

ところで、それは「空間と時間」という尺度である。なぜなら、対象世界に見いだされるものは、事物の運動変化であり、事物の運動変化は、空間的位置と、経過する時間の量によって測られるからである。一八世紀、近代科学の成功に人間理性の栄誉を見たカントは、よく知られているように、時間空間の目盛り軸を、人間理性の先天的な形式と見なした。

11 1人称と2人称単数の世界の真理は主体の真理

それに対して、1人称単数、2人称単数の世界は、「わたし」と「あなた」の世界である。ところが、3人称の世界から見るとき、この1人称2人称の世界は、3人称の世界（事物世界）に取り込まれるほんの一部にすぎない。なぜなら、3人称の世界には広大な宇宙が広がっているからである。「わたし」と「あなた」など、それと比べれば、そのうちに含まれたちっぽけな存在にすぎない。

しかしそれは、「わたし」と「あなた」を、外から見ているからである。どの主体も、ひとたび対象化されれば、たしかにそれは「一つの対象」にすぎない。しかし、主体が「主体」として受け取られるとき、それは「対象の一つ」ではない。

一般的には、理性は、対象を認識する能力である。近代の哲学者たちの多くは、認識を論じるとき、認識はつねに「対象の」認識であって、「主体の」認識ではなかった。なぜなら、主体は「認識する側」にあって、「認識されるもの」ではないからである。これはまことに論理的であるから、これを正面から否定するものはいない。しかしながらカントが、倫理的観点から「人間」を端的に道具視すべきではない、と考えたとき、彼は、「人間」について理性的認識を否定したのではなく、「人間」を単純に対象化することに躊躇したのである。

なぜなら、すでに述べたことから明らかなように、「対象化する」ことは、「道具視する」ことだからである。というのも、「対象化する」ことは、理性が自分という主体からそれを「切り離して見る」ことだからである。そして自分から「切り離す」ことは、自分（主体）との直接の「関係を切る」ことである。そして自分という主体から対象をいったん切り離すということは、それを「道具」として、どのように利用したらいいか、検討することができることを意味する。

なぜなら、自分（主体）が自分（主体）を利用することは、人格が分裂する条件がなければ矛盾だからである。自分を対象化するためには、自分を「わたし」の位置から「それ」の位置に置き換えなければならない。「わたし」が「それ」となったとき、「わたし」は「わたし」を対象化することができる。それゆえ、「わたし」という主体は「わたし」のままなら対象化できない。他方、「それ」と置き替えることによって対象化するとき、「わたし」は「わたし」を「それ」と見て、道具視することができる。それゆえ、「対象化する」ことと、「道具視できる」ことは、同じことを意味している。

したがって、カントが「人間」に関しては対象化に制限を設けたのは、「人間」は、対象認識に適合しない側面があることを、彼が認めたからである。その理由は、個々人は、やはり「一つの主体」だからである。そしてまさにそれだからこそカントは、理論理性と区別して実践理性の領域を主張した。じっさい、倫理的観点からは、これは譲れない一点である。なぜか、という理由は、まさにここで論じようとしていることである。つまり1人称、2人称の世界は、主体の世界であって3人称の世界に含まれない、という事実があり、その1人称、2人称の世界こそ、「道徳」（実践的倫理）が成立する世界だからである。そしてその理由は、1人称、2人称の世界のうちにだけ「主体の真理」が現れるからである。すなわち、そこにだけ真実に「わたし」（主体）が「生きる場の真、善、美」が現われるからである。

ハイデガーのことば「存在忘却」を、彼の使い方を無視して使わせてもらえば、哲学の歴史では長く、「1人称、2人称の世界の存在」が「忘却されてきた」と、言うことができる。プラトン以来の伝統哲学は、もっぱら「3人称の世界の存在」を論じてきた。そして3人称の世界のなかに、究極の原理、ないし、究極の存在が求められてきた。それは「第一原因」と呼ばれたり、「善」と呼ばれたり、「一」と呼ばれたりしてきた。なぜなら、世界のすべては、「一」であるところの「第一原因」から生じたものと見られ、「善」は、その「目的」（終端）だからである。そしてそれは、「アルファ」から「オメガ」までを尽くしていると、言われる。つまり3人称の世界は、その中にすべての存在が尽くされていると、見なされてきた。

しかし、真実には、3人称の世界は、科学（客観）の世界であり、1人称、2人称の世界（主観の世界）を含まない。主観の世界には、科学が価値を認める真実（客観的真実）が含まれないからである。他方、すでに述べたように、「ことば」は、もともと複数の人間が「協力関係」、つまり「協働する」ために生まれたものである。したがってその「ことば」は、個々の主体を超えた3人称の世界に、もっともよく適合する。したがって、社会が大規模になって、そのために「欺瞞的なことば」がわたしたちの「ことば」のうちに生まれようとも、3人称の世界は、人々の「協働する世界」によく適合して、人々の協働によく貢献するだけである。協働して善いことをするか、悪いことをするか、それは科学の判断ではない。

そして3人称の世界をもっぱら対象とする科学の世界は、科学者がもつ「共同世界」のうちに生まれる欺瞞性を吟味する方法を、すでに述べたように、特別によく積み重ねている。つまり3人称の真理を吟味する方法を、科学は厳しく築いて守っている。したがって、「ことば」が3人称の世界を語ることにもっともよく適合するものであること、なおかつ、その正しい「ことば」の典型が、科学の世界であることは、つねに妥当する。したがって、この世界には、疑問が生じない。

では、1人称、2人称の世界に、科学の真理とは別の真理が「ことば」によって見いだされることはないのだろうか。言い換えると、ちょうど「科学のことば」が3人称の世界について共同世界の欺瞞性を吟味し、排除して、確実に真理を「語る」ことができるように、哲学のことばが、1人称、2人称の世界から共同世界の欺瞞性を吟味し、排除して、確実に、つまり「論理的妥当性」をもってその世界の真理を語ることは、ありえないのだろうか。

ソクラテスが成し遂げたことは、まさにそれだったと、わたしには思われる。彼は、この1人称、2人称の世界に、特別な、「主体の真理」が在ることを、はじめて明らかにした。そして、その世界の探究のために、一対一の問答を示した。彼によって、「徳」の問題が、あらたな「真理」として、他者を説得する妥当な方法を通じて論じられた。哲学が、科学とは異なる特別な学であるのは、まさに哲学が、1人称、2人称の世界の存在を扱ってそこに主体の真理（主体の善美）を見いだす学問だからである。

しかし、それを理解するためには、3人称の世界を語る「ことば」の地平とは区別して、1人称、2人称の世界を語る「ことば」の地平が見いだされなければならない。じっさい、その区分が見えないと、「ことば」が固有にもっている「共同」の地平、つまり科学的地平へと、わたしたちは舞い戻ってしまい、そのためにソクラテスが切り開いた「ことば」の地平が再び見失われてしまうからである。

じっさい、ソクラテスを直接に知っていたはずのプラトンすら、このことに十分な注意を払わなかった。そのために、プラトン以降の哲学は、問答による吟味を怠らなかったが、それをもっぱら3人称の世界の真理の特定のために利用したのである。それによってプラトンは「イデア論」を唱え、アリストテレスは諸科学を整理し、その科学を形成する論理学や形而上学を構成した。

一方、1人称、2人称の世界の存在は、ストアの流派などに受け継がれたが、プラトンやアリストテレスの哲学に押されて、哲学の表舞台（晴れの舞台）から追いやられ、近代以降、ほとんど影を薄くしてしまった。ただし、表舞台の陰で、ときに表舞台には置かれない真理を語り、ときに表舞台を支え、ときに表舞台を改革する役割を果たしてきた。古代ローマでは、セネカや、彼の哲学を学んだアウグスティヌス、中世ではアンセルムス、ドゥンス・スコトゥス、近代では、デカルトやイギリス経験論の哲学者たち、スピノザ、等々がいる。

それに対して3人称の世界のことばは、「協働のことば」として文明社会を背景とした権力に保護され、維持される。それは、物事のすべてを道具扱いして、思い通りの結果を得るうえで権力者にとって便利なことばだからである。こうして「協働のことば」は「共同のことば」として、大多数の人々がもつ過去の業績をつくってきた。そして過去の業績とは、遺産であり、既得権益である。それに頼ることで、人間は、社会に守られて生きることができる。それゆえ、それを改める手立てを、「協働のことば」はもたない。そのため、わたしたちはどうしても「旧弊」に陥りやすいのである。

それに対して、1人称、2人称の世界の存在は、つねに個々の「わたし」から展開する世界である。その「わたし」が見るものは、日々、更新される。「今日のわたし」が見るものは、「昨日のわたし」が見たものではない。しかも、一人一人の「わたし」は、それぞれ違う「わたし」である。その「わたし」は、自己の経験から別の認識をあらためて提供して、それによって「わたしたちのことば」（協働する社会のことば）を改善する機会を、何度でも、あらたに社会に提供することができる。なぜなら、わたしたちは、本当はいつでも、「新しいことに」気づき、それを「ことば」にすることで、他者に伝えることができるからである。

12 主体の真理の探究

3人称の存在の真理の探究は、時間と空間の尺度と、数学的定理を加えて、事物の運動変化を追うことであった。では、1人称、2人称の存在の真理は、いかに見いだされ、何において確かめられるのだろうか。この場合、すでに述べてきたことから分かるように、1人称、2人称の世界の存在に見いだされる「真理」は、3人称の世界の存在の「真理」とは、性質を異にする「真理」である。とはいえ、いずれの「真理」も、真理であるからには、共同社会に対して、それなりの説得力をもたなければならない。

しかし、両者はその説得の基盤を異にしている。つまりこの意味では、両者は同じく「真理」と呼ばれるが、異なる側面をもつ。というのも、1人称、2人称の存在は、3人称の存在とは異なり、自分（主体）自身から切り離して、時間や空間の尺度によって分析されて理解される（理性に受け取られる）ものではないからである。

1人称、2人称の世界の真理は、第一義的には「わたしの世界」の真理であり、「あなた」（もう一人の「わたし」）の納得を得る真理である。しかも、「わたし」は、つねに「わたし」であることを変えない。一人の「わたし」は、死ぬまで同一の「わたし」である。ここには、時間で測られる変化がない。しかもそのうえ、根源的主体である「わたし」は、出発点であっても、「わたしの世界」を切り離すことができないゆえに、「わたしの世界」を構成している「ことば」が、「わたし」から切り離されて「距離」をもつことがない。それゆえ、そこには3人称の世界のような空間的に測られるものがない。

一方、科学的真理は、既存の共同世界に確立した既存のことばを用いて理解される真理である。したがって、時間と空間（距離）と数など、既存の尺度を持ち出して、人々の間で対象物の同一性を確かめることができる。他方、1人称、2人称の世界は、「わたしの世界」に向かう「反省」においてあらためて見いだされる世界である。それは、3人称の世界の事物のように、時間の経過や、空間のどこかに見いだすことができるものではない。したがって人々の間で対象の同一性を時間空間の尺度によって他者が確かめることはできない。すなわち、それは、もっぱら「自己の理性のはたらき」、「自分の心のはたらき」のうちに、見いださなければならない。なぜなら、

「主体のはたらき」は、「命のはたらき」であり、理性は、それを「自分の心」という、一番身近なところに見いだすからである。

たしかに、時間で言えば「今」、空間にかかわることばで言えば「ここ」に、そのはたらきを、わたしたちは見いだす。しかし、「今」は、かならずしも時間の経過に属するものではないし、「ここ」は、距離を測ることのできる場所ではない。たとえば、経過する時間を直線で表してみよう。直線は、一方は過去に向かい、他方は未来に向かっている。「今」は、この直線を一か所、断ち切ることで見いだされる。[6] なぜなら、直線はどこを見ても一様に線であり、つながっていて、「特定の位置」を、それ以外と区別することはできないからである。

もちろん、「今」を特定するのは、神でもなければ科学者でもないし、時計職人でもない。それをするのは現存する「わたし」以外には居ない。なぜなら、生きている「主体の真理」は、主体の決定によってのみ見いだされるからである。主体の真理は、生きる主体が世界にかかわることによって生まれる真理である。ただし、その「かかわり」は、「わたし」の自己利益（社会的秩序が産む利を得ようとする個人的欲求）を離れて、「わたし」の必然が産む「かかわり」でなければならない。なぜなら、そうでなければ、主体の真理は、「あなた」という、もう一人の「わたし」を納得させる「ことば」（根拠）にならないからである。

理性が「わたし」という存在と真正面にかかわる「とき」、その「とき」が、わたしが「わたし」自身の「いのち」を反省する「今」という「とき」である。それは、このような仕方で決定される「今」である。この「今」は、第三者が決定する「今」や、時間の内の「時刻」とは異なる。もちろん、「わたし」を反省する「今」を、第三者が特定することはできる。しかしそれは「わたしの決定にかかわる今」ではなく、第三者が知る「時刻」である。それは、時間の経過のうちに特定できる「今」である。そしてそれは経過中にある「今」であるから、直線として考察される時間の中にある。

しかしそれは、「わたし」が反省すると決定したことによって切り出される「今」ではない。「切り出す」と、この場合にはなぜ言うことができるか、と問われるなら、「わたし」という主体が、この「今」を決定する主体だから、それをする資格が「わたし」にあるからと答えられる。他方、一定の時刻としての「今」は、共同体に属する「今」という「ことば」であるから、「わたし」の勝手にはできない。

さて、主体である「わたし」が直線から「今」を切り出すことができるなら、このとき、「今」は、切断する側（わたしの側）の直線、つまり経過する時間の直線と交わるけれど方向が異なる直線に沿って、切り出される。このとき、「今」は、経過する時間のうちにあるのだろうか。繰り返すことになるが、その「今」は、3人称の世界を見る目から見れば、経過する時間のうちにある時刻としての「今」と、たしかに同じ時刻である。しかし、1人称、2人称の世界の側からは、3人称の世界の時間は見えない。切断する側から見えるものは、つねに「今」でしかない。理性が見ている方向が異なるからである。

それゆえ、「わたし」が「わたし自身」を反省することによって見いだす真理は、「わたしの理性」が見ている「今」においてのみ見いだされる。そしてこの真理は、同じく「他のわたし（あなた）の理性」を説得して納得させることができる真理である。なぜなら、一人の「わたし」という理性と、一人の「あなた」という理性は、同じ「ことば」で「今」を生きている（はたらいている）理性だからである。

このことゆえに、またヨーロッパでは、「今を生きる」（ラテン語：カーペ・ディエム、英語：リヴ・フォ・トゥデイ）という「ことば」が、「わたし」と「あなた」が本当に日々を生きるための「知恵」のことばとして挙げられる。したがって、1人称、2人称の世界の真理は、時間の尺度で確かめられる真理ではない。その真理は、ただ「わたし」にとってのみ、「つね」であるところの「今」にしかないからである。したがって、その真理は「永遠的」で、3人称の世界の尺度では「無時間的」である。

同様の論理が空間の尺度についても言われる。

前述のように、幾何学的見地から見てみよう。二次元の平面があって、そこに三次元の完全な球体を置いてみる。すると、平面と球体は一点でのみ接する。この一点を「ここ」であると言うなら、「ここ」は、二次元上の「ここ」と三次元上の「ここ」と、いずれの「ここ」かと、問えば、いずれでもあるが、一方から他方は、どこにあるか見えない、と答えられるだろう。そして球体が平面の上を転がるとすると、接する点は、平面と球面という、異なる面のうちを同時に移動する。その移動の軌跡は、平面上では直線、曲線、さまざまな線を描くが、球面上ではつねに球体の中心から等距離の曲線となる。[7]

　ところで「わたし」の視点が球体の中心にあるとすれば、その点「ここ」は、見える方向は異なっても、つねに、自分から等距離のところに見られる。他方、３人称の世界の真理を決定づける空間の位置の違いは、一定の位置から見える方向と距離の違いである。それは平面上の点については、測り、記録することができる。ところが球面上の位置は、その中心から見るなら、方向の違いでしかない。しかも、どの方向を見ても、球面がもつ面は同じ曲面である。ところで、見る方向の違いは、中心の「わたし」が決定する。ところが、曲面のどこを見ても、「わたし」には同じ一面にしか見えない。

　そうだとすると、「わたし」には、自分の視点の方向の違いが、「そこ」には見えない。自分が真っ暗ななかで、逆さになっているのかさえ分からない状態を想像してほしい。たとえば雪崩に巻き込まれて、雪の中でどちらに向かえばいいか、わからないようなときである。じっさい、「わたし」は、「わたし」の外には出られない。その世界が「わたしの世界」である。方向は違っても、距離が同じであるところには、空間的位置の違いは見いだされない。「わたし」の周囲に在るのは、ただ「ここ」と言われる性質的に「身近な世界」だけである。

したがって、1人称、2人称の世界の真理は、空間的尺度で確かめられる真理ではない。つまりその真理は「空間的位置を特別にもたないもの」（無空間）である。

以上で、1人称、2人称的世界の存在のうちで、主体の真理を確かめる規準が、時空の規準（尺度）ではないことが、確かめられたとしよう。

1　ハンナ・アレント著、ジェローム・コーン編『責任と判断』中山元訳、筑摩書房（ちくま学芸文庫）二〇一六年。参照：ハンナ・アレントは、「西洋における道徳性の崩壊」という衝撃的な事実として、この問題を考察している。善悪の道徳は、古来、特別な知識にもとづくものではなかったはずであるが、ナチスの醜悪な歴史が彼女に示したのは、一般人の凡庸な道徳が、一夜にして崩壊し、つぎに、今度はナチスの崩壊によって、またすぐに回復したという事実の衝撃である。「悪の凡庸さ」という彼女の「ことば」は、このあたりの事情を表して有名である。

2　同上、ちくま学芸文庫、五五―五六頁。

3　プラトン著『饗宴』。

4　プラトン『弁明』25B―C。

5　同上17Cで、ソクラテスは「両替屋の店先など、ふだん、話しているのと同じことば」と言って、自分を起訴したメレトスの雄弁な「演説のことば」と、自分のことばを対置している。

6 「時間と今」の関係についてのここでの考察は、中世の神学者ペトゥルス・ヨハニス・オリヴィの時間論によっている。拙論「ペトゥルス・オリヴィの時間論―第一任意討論集第二、第三問題―」『清泉女子大学人文科学研究所紀要』28、平成一九年三月）所収。

7 「球体と平面の接触」という幾何学的考案は、中世の神学者ドゥンス・スコトゥスによる。ドゥンス・スコトゥス著『オルディナチオ』第二巻第二区分第二部第五問題（第四一二段落）：ヴァティカン版全集、一九七三年、三三八頁。

第 2 章

ことばの社会性と欺瞞性

1 ソクラテスのように考える

これから展開する哲学に関して、前章でおおまかな筋立てを見てもらった。わたしたちの理性は「ことば」であるから、「ことば」によって動いていること、世の中は欺瞞性に満ちた「ことば」があふれていること、哲学は「ことば」を吟味することによって、「ことば」から欺瞞性を取り除かなければならないこと、そうであれば、「真理」の規準が必要なこと、科学の根拠は、時空性を尺度とする3人称の世界であるが、哲学が根拠とするのは、全き「わたしの理性（ことば）の世界」であり、それは3人称の「時空性」で測られる世界ではなく、時空性のない1人称、2人称の世界であること、以上のことであった。

以降、この古典ギリシア語の性格にもとづく哲学の筋立てに問題がないかどうか、吟味する必要がある。ことに、このような筋立てをもった論説は過去には見いだされないのだから、可能なかぎり、あいまいさのない論を示していかなければならない。たとえば、「科学の世界」は3人称の特殊な世界に限定した真理の世界であると、わたしは主張した。この主張は、科学がどんなに多くの世界を探究しても、けして1人称、2人称を含む「わたしたちの世界の全体」に達することはできないことを意味する。

科学の世界は理性的（合理的）であることの理想形と考えられている。ところが、科学は事物の時空性を「数えることば」を尺度にして「世界の事物を理解する」ものであって、「わたしが生きる」を「理解する（とらえる）ことば」を尺度にして「わたし」の「生きている世界を理解する」ものではない。したがって、科学は、客体的事物世界の問題解決には大いに役立つが、主体的人間世界の問題には、役立たない。

じっさい科学は事物を「理解する力」なのであるから、理性のはたらきに基づいている。とはいえ、事物を普遍的に包む「時空性」を、「数」や「線」という、特別に欺瞞性が入り込みにくい普遍的に受け取られる「ことば」によって、つまりある「限定されたことば」によって理解する。それゆえ科学は、「客体（外の）世界」を理解する「一つの技術」であるが、精神の中心から、あるいは、内から、「わたしの生きる世界」を全的に理解し、「真実に生きる」ことを「わたし」に可能にしてくれる「知恵」を生み出してはくれない。

著者であるわたしは、「ソクラテス」の研究と「スコラ哲学」（なかでもドゥンス・スコトゥス）の研究を通して、じつはこの考えに至った。ソクラテスは、じっさいに裁判で死刑になったことからも分かる通り、世の中の「中傷」によって、その哲学は否定された。すなわち、当時の世の中に、ソクラテスの問答は反社会的（反宗教的、反教育的）だという噂が広がって、それにもとづいて、裁判が起こされ、死刑になったのである。「噂」というのは、だれが言ったかわからない

「ことば」である。わたしが社会に流されている「ことばの欺瞞性」を暴くことが、真の「哲学」を見いだすことにとって最重要な課題だと考えるのは、何よりもこのソクラテス裁判の事実によっている。なぜなら、その裁判で殺されたソクラテスこそ、真の哲学を見いだした哲学者であり、彼を殺したのは、彼を中傷した社会にみなぎっていた「ことばの欺瞞」だと、わたしは考えるからである。

そしてその欺瞞性は社会集団の組織性がもつ上下の秩序から生じるものだと、わたしは考える。そして組織の共同性のなかで使われていることばから、欺瞞性を除くことができるのは、3人称の事物的世界については「科学」であり、1人称、2人称の「主観的世界」については、ソクラテスの哲学である。なぜなら、すでに述べたように、プラトンもアリストテレスも、またそれに続いた哲学者も、主観的世界を分析することについては、ほとんど功績がないように、わたしには見えるからである。ソクラテスの哲学を見つけることは、「真の哲学」を明らかにすることである。

第二に、わたしが見るに、「スコラ哲学」は、古臭く、頑迷固陋で、近代科学を理解できない哲学だという印象が、一般に作られてきた。しかし、現代の「現象学」は、スコラ哲学に起源をもっている。そして現代の現象学の旗手となったフッサールは、その現象学的分析によってヨーロッパ科学を確実な土台に基礎づけようとしたことで知られている。つまり哲学によって科学をより精密に根拠づけようとした。

後述するように、科学の基礎付けと哲学の関係については、わたしはフッサールと考えをまったく異にする。とはいえ、わたしがこれから展開する哲学は、「わたしの理性の世界」を分析するのであるから、それは「わたしに現象する世界」を分析する現象学と、似ているかも知れない。とはいえ、現象学と、わたしが展開する哲学が似ているのは、現象学が「わたしの世界」（自我世界）をもっとも直接的な世界と見て、そこに目を向けるからである。しかし、フッサールの目的は、そこに「科学の根拠」を置き、なおかつ、そのことによって哲学を科学として確立することであった。

他方、わたしが「わたしの世界」（自我世界）に目を向けるのは、端的に、吟味する「ことば」を発する主体が「わたし」（1人称単数の主語）だからである。そしてまずは「わたしの世界」をつくる知覚の真理が、「科学の世界」をあらたにつくる（革新する）のであり、その意味で、「わたしの世界」（1人称の世界）をつくる知覚の真理は、哲学と科学に「共通な土台」だ、というのが、わたしの考えである。

一方、フッサールは、そのように考えていない。彼はわたしとは異なり、哲学の根拠を「科学のことば」（3人称のことば）で見つけようとする。つまりわたしのように、「わたしの知覚世界」（主観）を共通の根拠として哲学と科学を基礎づけるのではなく、彼は、科学の根拠（ことば）で哲学を根拠づけようとしている。

しかし、それは間違いだと、わたしは考える。なぜならフッサールは、現象学的分析（哲学的分析）によって科学のことばを基礎づけようとしながら、そのじつ、逆に、「科学のことば」によって哲学を基礎づけようとしていて、ここには「循環」があるからである。このことは、彼の初期の作品の題名『厳密な学としての哲学』に見て取ることができる。じっさいその題名の意味は「厳密な科学としての哲学」である。

同様に、フッサールの弟子のハイデガーの哲学に対しても、わたしの哲学は反対する。たしかに中世「スコラ哲学」の全体は、「カトリック精神」を哲学的に基礎づける学である。そしてハイデガーは、自身、カトリック教徒を標榜している。しかしそのために、彼の現象学は、もっぱら「カトリック教徒である〈わたしの精神〉の分析学」に終始している。しかしカトリック教徒であることは、彼の「既存の自己の信条」であり、それを吟味するにしても、彼はそれを批判的にではなく、それを「そのままに独特の用語で表現して」、それを「存在」の哲学だと詐称している。

しかし、彼の言う「存在」は、「人間存在」のことであり、彼の現象学は、端的に言って、「自己肯定の学」である。つまりソクラテスがもつ批判性をもたず、その哲学は、既存の権威のもとに育った自己のもつ閉鎖性を、疑問もなしに真理であると主張している。おそらくその結果として、彼の哲学は「民族主義的」であり、彼の哲学の影響を受けた日本の哲学者の幾人かも、自国の戦争に与する結果を招いたのではないかと、考えられる。

じっさい、ハイデガーの『存在と時間』序論第二章第七節のなかで示された「ことば」(ロゴス)の分析は、彼の哲学が「自己肯定の表現」にすぎないことを比較的明瞭に示している。彼はそこで、ギリシア語の「ロゴス」(発言内容)が、過去の哲学を通じて、多様な意味に受け取られて、本来的な意味を見失ってきたと言う。その多様な意味解釈とは「理性、判断、概念、定義、根拠、関係」等々の意味である。すなわち、ギリシア語の「ロゴス」が、このような意味のものとして多義的に翻訳されてきたことは、真理を隠蔽するものであると、彼は非難している。

そしてアリストテレスの著述のなかに、ようやく「現象させる」という意味で使われている例を見つけて、これを「ロゴス」の本来の意味だと、彼は主張する。しかし、自分の現象学的哲学に好都合なことばを見つけて、それ以外のことばを、端的に真理を隠蔽する欺瞞的解釈だと独善的に主張する彼の態度は、とうてい哲学的だとは言えない。なぜなら、哲学の「問答」精神は、「問う」という「批判」精神をもつものであって、大衆向けの「演説」(スピーチ)精神によって、すなわち、大量のことばを駆使して、自分に好都合なものを正当化する精神ではないからである。

すでに述べたように、「理性」は、「ことば」で「考える」(動く)能力であるから「ロゴス」と言われる。「判断」は、やはり「ことば」でなされる「はたらき」であるから、「ロゴス」と言われる。「概念」は、「ことば」で理性が「懐くもの」であるから「ロゴス」と言われる。「定義」は、「ことば」で示されるから「ロゴス」と言われる。「根拠」も「ことば」で示されるから「ロゴス」と言われる。「関係」も同じである。こうした「ロゴス」の多義性は、別段、「ロゴス」の真理性を隠していない。むしろロゴス（ことば）それ自体がもつ多様な「はたらき」を明らかにするものである。

言うまでもなく、「ことば」がもつどのはたらきにも、わたしたちによって欺瞞性が生じる。つまりどの「ロゴス」も、「正しくある」（正しい意味で使われる）こともあれば、「不正にある」（正しくない意味で使われる）こともある。したがって、どのロゴスも、真理を隠蔽する可能性をもっている。つまり不正な理性、不正な判断、不正な概念、不正な定義、不正な関係は、世の中で珍しいことではない。それらは真理を隠している。それらを学んだ理性は、その欺瞞性の海のなかで迷い、溺れる苦痛を覚える。

たとえばハイデガーは、「現存在」（人間存在）のうちに、まるでそれが人間の宿命であるかのように、「不安」があることを主張する。

しかし、わたしたちのうちに不安や迷いがある理由は、「ロゴス」が多様に理解されることによって真理性が隠されているからではない。たんにわたしたちの理性を構成する「ことば」に、虚偽、欺瞞があるからである。そしてその虚偽、欺瞞は、理性が、すでにもっている「ことば」

によって歪んでいるからであり、わたしたちの理性が知覚した内容を「ことば」（概念）にするときに、ことばが誤解を生じるからであり、さらに、その概念を組み合わせて「考える」（推理する）ときに、十分に論理的でないからである。すなわち、わたしたちの理性は、いくつかのはたらきをもっており、そのどのはたらきにおいても、わたしたちは、誤りうるのである。そしてことばを用いるあらゆる場面で誤る可能性を感じるから、わたしたちは「不安」になるのである。

したがって、ことばが多様であること自体は、誤りの原因ではないし、不安の原因ではない。あくまでもそのどれにも誤りがありうることが、不安の原因である。自分がそれにもとづいて考えている「ことば」が偽りであったなら、考える内容自体が偽りである。そうであれば、考えること自体がむなしいことである。

しかしわたしたちは、反対に、「ことば」の多様性を通して、「ことば」を吟味することができる。吟味して、真実を見いだすことができる。「ことば」に「ことば」を突き合わせて、「ことばを吟味する」ことができる。そしてそれができるのは、「多く（複数）のことば」があって、はじめてできることである。じっさいそれは、米粒一つでは、米粒をぶつけ合って「研ぐ」こと、つまり「吟味する」ことができないことと同じである。

それゆえ、わたしたちは、「フッサールのように」ではなく、「ハイデガーのように」でもなく、「ソクラテスのように」哲学しなければならない。つまりフッサールのように哲学を科学にするのではなく、「哲学本来の論理」で「ことばを吟味し」、また、独断的に不安を主張するハイデガーとは異なり、わたしたちがもつ「多様なことば」によって、むしろ「ことばを吟味」しなければならない。

2 哲学と科学の識別課題

意外に思われるかもしれないが、哲学と科学を明晰に分ける、という見方は、ヨーロッパの哲学史において、これまで試みられてきたことはない。むしろ哲学を「科学的な学問」にする試みが、古来、続けられてきた。先に示したように、フッサールがそれを試みた。その前にはスピノザがそれを試みた。そういう試みがヨーロッパで行われていた近代という時代の最中に、日本は明治維新を迎え、「フィロ・ソフィア」が「哲学」と訳された。つまり日本語の「哲・学」には、「哲理」の「学問（科学）」であるという意味が読み取られる。

ヨーロッパの諸学問は、フィジクス（物理学）などの例外はあるが、科学の名称には、たいていが「サイエンス」か「ロギー」が、その語頭か、あるいは、語末に付く。「サイエンス」は「科学」ならびに「知識」を意味するし、「ロギー」は、「ロゴス」（ことば）からきているから「論」を意味する。一般に「論」は、学問世界において「知識」と同じと考えられてきた。それゆえ、サイエンスも、何とかロギーも、そしてそれと同類の論は、「科学」であるか、「科学を目指す論」だと受け取られてきた。それゆえ、哲学も学問の一つなら、それも科学を目指す論に違いないと、一般に受け取られる。

ところで、哲学は、本来は、他の諸科学とは微妙に異なるものであるという認識が、伝統的であった。古代においてプラトンやアリストテレスがこの伝統をつくった。彼らは、哲学を、諸科学に並ぶ科学ではなく、諸科学を「統べる科学」であると見なした。つまり哲学は科学的であるとしても、他の諸科学とはレベルの異なる地位をもつ学問（科学）[1]であると、彼らは見なしていた。哲学についてのこの考え方が、近代に至るまで続いている。ところが、現代に属するフッサールは、近代の哲学者とともに、近代科学の輝かしい成功を見て、哲学を科学の一員とすべく、この伝統からの脱却を目指して哲学を論じ、迷路に陥っているのである。

そもそも哲学と科学は、異なる理性のはたらきである。その区別の源泉は、ソクラテスにある。徳について論じたソクラテスは、「徳を教えることはできない」ことを、鋭い批判を通じて明確にし続けた。ところで、「教えることはできない」とは、「知識ではない」ということと同義である。なぜなら、「知識」とは「分かっていること」であり、「分かっていること」は、同じことを他の人に「分からせること」ができるからである。したがって徳は教えることはできないと言っていたソクラテスは、徳は知識ではないと見つけていた。ところで、ラテン語の「知識」（スキエンス）ということばが英語の「科学」（サイエンス）ということばになった。それゆえ、ソクラテスによれば徳を論じる哲学は断じて科学ではない。それゆえ、いかに徳を論じようとそれは科学（知識）にはならない。

そして、ソクラテスの話を聞いていたプラトンは、徳は、たしかに「知識」として教えることも学ぶこともできないことを認めながら、何よりも徳について「論じることができる」のが、「哲学」の特徴であると考えた。そして論じることができるなら、哲学は科学と同様の論であると考え、両者を同類のものと見なした。すなわち、哲学は「善美」という目的について論じることができる科学だと、考えた。そしてこの認識によって、哲学と他の諸学との間には、「統べる学問と、利用される学問」という区別の認識が、哲学の伝統として定着したのである。なぜなら、「統べる学問」とは、「善美」という「目的を知るもの」であり、「利用される学問」とは、その「道具」だからである。

ところで、フッサールは『厳密な学としての哲学』のはじめのあたりで、カントのことばに言及して「カントは好んで、人は哲学を学ぶことはできない、ただ哲学することを学ぶことができるだけだと言っている。しかし、この言は、哲学の非学問性の告白でなくてなんだろうか。真の学問が達成されているなら、人は同じ意味で教え、学ぶことが、どこでもできるに違いない」と言っている。しかし、このフッサールの言から判断すると、カントはプラトンと同程度には、哲学は知識ではなく、「目的について論じることができるだけ」だと、認識しているが、フッサールは、ソクラテスが指摘していた事実を十分に認識していなかった、と言うことができる。

哲学者フッサールの哲学に関するこの認識不足については、ある臆測ができる。

というのもヨーロッパ科学の伝統は、アリストテレスから始まるのではなく、ピュタゴラスから始まるからである。ピュタゴラス学派は、数と線分の長さの「比」によって、世界の真理を見いだす方法を見つけた。たとえば、3対4対5の長さの線分を三辺とする三角形は、つねに「直角三角形」である。あるいは、4対5対6の比をもつドミソは、「完全協和音」である。さらに「比」は、現代の科学でも「真理」を示す基本方式である。じっさい自然法則を表す数式は、万有引力の法則も、相対性理論も、どれも「一定の比」を表している。「一定の比」を示すことができないものは、それができないだけ、不確実性（あいまいさ）を含み、「非科学的」であると見なされる。

フッサールは数学者になるつもりだったが、あるとき現象学を語るブレンターノの話を学生のときに聞いて、哲学者になったと告白している。したがってフッサールの精神には、その頃すでにピュタゴラスの精神が根付いており、徳については学問が成り立たないことを見つけたソクラテスやプラトンの思索よりも、ピュタゴラスの精神のほうが底堅く彼の心に染みついていたと推測できる。

したがって、だれから、あるいは、どのテキストから、哲学を学んだかは、かなり重大な影響を哲学者本人に与える。言うまでもなく、同じテキストを読んでも、そこから何を学ぶかは人によって異なるから、最終的には本人の力量が左右する。そして反対に、本人の力量だけで哲学が形になるほどまでに達成されることは、人間の間で、まずないことも、事実である。

しかし、以上ことから、わたしの主張としては、哲学は、徳について推論を交える「論（ことば）」であり、科学は「一定の比」によって世界の真理（知識）を見いだす方法であり、論であり、学問（知識）であると主張することができる。しかしそれだけでは、哲学と科学の二つを適切に、実際的に区別することができたことにはならない。

なぜなら、この主張と、先に述べた論は、科学が徳について科学的に論じることができないことの科学的（論理的）理由を、十分に示していないからである。すなわち、プラトンがソクラテスをまねて、徳は論じることはできても、答えを得て知識として定着することができないと考えたとき、プラトンは、それは哲学がまだ発展途上にあって、最終目的に達していないからだと、考えた。ちょうど科学が、観察事実が理論とそぐわないとき、既存の理論の欠陥を想定して、観察事実を十分に説明できる別の理論を求めるとき、科学は「探究の途上にある」と見られる。それと同じように、徳を知識とすることができないソクラテスの哲学は、知識探究の途上にあるのだと、プラトンは受け取ったのである。

そしてこの見方は、フッサールに見られるように、現代にまで引き継がれている。つまり科学の歴史が示しているように、徳が理論的に説明できないのは、哲学の研究がいまだ完成に至らず、途中だからにすぎないと、一般に受け取られているのである。

たとえばアリストテレスは、彼の倫理学で、徳を「中庸」として説明する中庸説を提示している。しかしこれは、線分の両端を、対立する極端な情念に割り当て、その中央に、「徳」と呼ばれる心の状態が生じる、という説明である。いかにもきれいな幾何学的説明である。「一定の比」を示していることで、ピュタゴラスの規準から見れば、十分に科学的説明だと言える。

しかし、この説明をだれかが理解して、理解したことによって、じっさいに「徳のある人」になった、という事例はない。じっさい、アリストテレス自身が、徳のある人だったと伝えられている事実は、まったくない。科学の説明なら（それが科学的に真であるなら）、説明を聞いて、複数の他者が同じことを実現する（実験して再現する）ことができなければならない。したがって説明を聞いても、同じことが実現できないなら、それは科学的説明ではない。アリストテレスの徳についての説明は、その説明を理解したものが実際に有徳の人物にはならないことによって、じつは失敗していることが説明されているのである。

わたしはすでに、哲学は無時間無空間的説明の論であり、他方、科学は時間と空間の位置計測によって説明の根拠をもつ（事象生起の時間と空間的位置が記録されるなら、それは何らかの科学理論のデータになりうる）と述べた。これは一つの区別の指標になる。とはいえ、それでも十分とは言えない。なぜなら、科学については積極的（肯定的）説明になっているが、哲学については否定的説明にしかなっていないからである。否定的説明は、「説明がない」ことと同義である。

とはいえ、哲学することによって、科学については一般論の説明が達成できるが、哲学が科学ないし学問ではないとするなら、哲学自身については「哲学的説明」（非科学的説明）[2]ができるにとどまったとしても、何ら矛盾はない。なぜなら、哲学は科学ではないのだから。とはいえ、哲学もまた科学と同様、「ことば」（理性）によって可能な「論」であることは明らかである。なぜなら、哲学は真理を理性的に主張するものであるから。したがって、哲学はこの一点によって「科学と共通な特徴」をもっていると、言えなければならない。つまり哲学は科学ではないが、科学と共通な特徴、「ことば」にもとづくという特徴を、共通に有している。

理性的であるためには、「正しいことば」で、哲学も科学も構成されなければならない。すでに述べたように、科学のことばは欺瞞性が入り込みにくい数や式によっている。それに対して哲学は、人間の生活のなかでふつうに使われている「ことば」によって語られるほかない。なぜなら、哲学は、人間である「わたし」が「生きて在る」ことに基づいて、「徳を論じる」からである。それゆえ哲学は、科学が不要とした「ことばの吟味」を必要としている。しかし、その吟味を経て、「欺瞞性の無いことば」に達したなら、そこからは、哲学は科学と肩を並べて理性の道を歩むことができる。したがって、哲学は「欺瞞性のあることば」を排除することを通して、科学と共通の出発点に達することができるのだから、その点からあらたに、「哲学が科学と正当に区別できる根拠」を、わたしたちは明らかにしなければならない。

3 「知覚」の発見

哲学と科学の間には、共通な特徴があるのでなければならない。なぜなら、哲学も科学も、「正しいことば」、すなわち、「正しい理性のはたらき」でなければならないからである。そしてそれはまた、「ことば」に欺瞞性が結びつく理由の説明に連なるものでなければならない。なぜなら、「ことば」が「欺瞞でない」なら、「正しいことば」が成り立つからである。じっさい「正しい」ことも「欺瞞である」こともないものは、「ことば」ではない。なぜなら、「ことば」は何かを「表示するもの」でなければならないからである。ところで、「ことば」の表示は、正しいか正しくないか、いずれかでしかない。じっさい、いずれでもないなら、あいまいである。しかし「あいまいな表示」は、「正しい表示」ではない。なぜなら、「あいまい」であることは、「正確でない」ことだからである。

さて、ここまでで、哲学と科学の間に違いがありながら、「正しい理性のはたらき」として、二つの間には「共通なもの」が少なくとも一つはあること、そしてそれは「あいまいなまま」に置かれるべきではなく、「吟味して正確にする」のでなければならないことは、明らかである。

その共通なものは、「最初の理性のはたらき」のうちに見いださなければならない。なぜなら、能力のはたらきが「最初から」異なるなら、「後から」一致することは、「不自然」であり、「無理」が必要になるからである。それに対して、「最初」は一致するはたらきが、別の尺度・方法（道）を取ることによって「異なる」はたらきになることは、不自然ではないし、むしろ普遍的でありうる。たとえば、出発点が同じで、異なる道を進むことは、だれにでも、いつでもできることである。そしてその結果、異なる道を進んだものの到達するところは、まったく異なるだろう。

反対に、出発点が異なっているなら、その後、どこかで両者が出合う、つまり一致する可能性は、「つね」にあることではなく、あったとしても「偶然」でしかない。しかし、哲学と科学の違いと一致は、「論」の違いと一致であるから、「普遍的」でなければならない。したがって、その一致は偶然であってはならない。それゆえその一致は、かならず、「最初の時点」において成立していなければならない。

ところで、正しい理性のはたらきの「最初の時点にあるもの」は、その能力の「入口」に生じるはたらきである。哲学も科学も、それを出発点にしているのでなければならない。ところで、それは近代以降の哲学で「知覚」と呼ばれるはたらきである。それは理性に属するはたらきであるゆえに、「感覚」とは区別されて「知覚」と呼ばれる。なぜ、それが「感覚」でなく、「理性」のはたらきと言えるかというと、それが「ことば」に「成る」ときの認識のはたらきだからである。

たとえば、道を歩いていて、向こうから人がくるのを見たとき、わたしの心にはその「感覚像」が映る。それは「ことば」ではない。あくまでも視覚に映った像である。そしてわたしの心が「自分が知らない男性だ」と「ことば」で思うとき、わたしは感覚像を「ことば」に転換したのであるから、そこには「知覚像」がある。つまり同じ像について、感覚と知覚が起こる。しかし、わたしの「理性」がもつのは、知覚であって感覚ではない。そして後にその人と知り合い、友人として相向かい、自分と相手の知覚を提供し合って、「はじめて会ったのは、あのときでしたね」と、各自における出合いの記憶を問うとき、二人の間に、あらたに互いの存在を認識し合う「問答」が生じる。

他方、ガリレオが望遠鏡で月を覗いたとき、その目に映った月は、「感覚像」であった。しかしその瞬間、「今まで見たことのない像」という「ことば」をともなって、同じ像が「知覚像」となったはずである。そして、ガリレオの理性を通して「推論」と「吟味」がなされて、旧の科学を革新する「科学」が生じたと、ガリレオの革命を説明することができる。

このように、哲学も科学も理性のはたらきである。そして知覚は、理性のはたらきの入口（出発点）の認識である。したがって、科学と哲学は、この入口を共有している。そして理性は、「ことば」にもとづく能力である。したがって、「わたし」以外のものに開かれた認識能力として感覚器官と理性能力があるとすれば、「ことば」のない認識は、感覚的認識であり、「ことば」になった認識は、理性的認識である。

「ことば」になれば、その「ことば」が指示している認識が、心のうちにある。そして理性が「ことば」をもつ（記憶する）ようになれば、「ことば」の一定性（自己保持性）は、理性の中で「一つのもの」となり、その「ことば」に向かって（対象として）、別の「ことば」（概念認識）を、理性はもつことができる。それゆえ、一定の「ことば」がもつこのような可能性によって、理性は、自身の経験を反省することができる。

ところで、理性のはたらきの入り口となるはたらきは、外に向かって直接的な認識である。この理性における「直接的認識」は、理性の「直観」と言われる。つまり「知覚」は、理性の「直観」と同義である。

ところで、ヨーロッパにおける哲学の理論として、この「直観」を発見したのは、中世のスコラ哲学者ドゥンス・スコトゥス（一二六五?～一三〇八）である。アリストテレス以来、伝統的には、外在する世界についての人間の直接的認識は、すべて「感覚である」と考えられ、アリストテレスは、記憶も感覚に属すると考えていた。そして理性は、感覚認識から普遍的な認識（概念認識）を、「抽象」を通して得ていると、考えていた。それゆえ理性は、感覚を媒介とした非直接的な認識しかもつことがないと、見られていた。

そのように考えて一三世紀末まで疑問がもたれなかった理由は、理性の「抽象作用」を通して生まれる「普遍的認識」のほうが、個別の感覚的認識よりも、高いところから低い地上を見る「神の認識」に近いと、考えられていたからである。そしてそれはプラトン的認識論にも一致していた。すなわち、プラトンのイデア論においても、「高度な優れた認識」とは「イデアの認識」であり、イデアの認識とは、「普遍の洞察」だと、見られていたからである。

しかしスコトゥスは、個別の感覚経験の印象を残しているのは感覚能力の内であっても、それを想起する手立てとなるのは、理性の内の「ことば」であることを見いだした。そして、感覚のうちに刻まれた印象につながる「ことば」が、理性のうちに残って、その「ことば」が、自分が経験した感覚的ことがらを想起させることに気づいたのである。

繰り返すが、「ことば」を扱うのは理性である。すなわち、感覚能力のうちの個別の印象につながる「ことば」は、感覚に直接つながる「ことば」（理性）のはたらきである。したがって、理性は、個別の感覚印象において、すでに「知覚」という「自身のはたらき」をもっており、それは個別の感覚的事実を抽象化・普遍化するはたらきではなく、個別の感覚印象を直接に（そのまま）「ことば」に受け取るものである。

それは理性の「直観」認識だと、スコトゥスは考えた。

たしかにこの「直観」は、感覚が受け取った内容を「ことば」にしただけである。したがって、その内容は、自分の感覚認識の範囲のものである。逆に言えば、その「ことば」は、直接に感覚された内容を指示しているものであるから、感覚との関係は「切り離されていない」。それゆえ、それは「ことば」に成った理性的認識であっても、感覚から切り離された（抽象化した）認識ではない。つまりいわゆる「概念認識」ではない。いわゆる概念認識は、具体的なものと結びつかないために、それ自体は真の科学的説明を「生み出すもの」（根拠、資料となるもの）ではないと受け止められている。むしろ一般に、感覚経験によらないために、机上の空論を生み出すと言われる。

それに対して、概念ではなく、個別の具体的なものを把える直観は、感覚内容と結びついた理性認識である。それゆえ、この「直観」は、感覚的条件を抜きにした本質を、いきなりとらえる洞察力ではない。あくまでも自分が「ことば」にできるかぎりの「個別的なもの」を、感覚とともに認識する日常的理性のはたらきである。それを示す「ことば」は、当然、直接に感覚された個別者の内容であるから、感覚にとらえられる同じ個別者を指している。すなわち、理性の直観は、ある時ある場所で見えた事物を、明確に個別に指定する「ことば」である。

ところで、「科学的認識」は、「感覚的認識」を超えた「理性的認識」でなければならない。すでに述べたように、スコトゥスが生きた当時は、まだアリストテレスによって個別の観察経験は「感覚的経験」であるとされていたから、理性の持ち物である「科学」は、個別の観察経験をむしろ軽視するものであった。つまり、スコトゥス以前の理論では、個別の観察経験は、「科学的根拠」をもつ「データ」とは、認められなかった。感覚的認識であるために、どれほどそれについて「ことば」で語っても、それは科学ではなく、一過性の認識（偶成的認識）に過ぎないと、受け止められた。

スコトゥスの哲学によって、はじめて「ことばに記録される経験」は、個別の具体的なものであっても「理性的経験」であると理解されることになった。しかし、ひとたび個別の観察に「科学性」が認められるようになれば、観察される数々の事象が、旧来のアリストテレス科学の命題に疑念を生じさせた。こうして、個別の実験観察のデータによって、思弁的なアリストテレス科学が乗り越えられる道が生まれた。それゆえ、ヨーロッパで近代科学が誕生したのは、じつはスコトゥスが、理性的認識のうちに「直観」があることを論証したことによるのである。

たしかに、神学者スコトゥスによる詳細な直観認識の論証は、直接には事物認識についてのものではない。信仰をもつ人間の霊魂が、死後、感覚器官を含む身体組織から離れ、霊魂のみで、神にまみえる（「至福直観」）ことが、可能であることを証明するためのものであった。[3] しかし、だからと言って、スコトゥスがそれをほかの問題に拡張していなかったと臆測するとしたら、それは間違いである。じっさいスコトゥス自身、この成果を、「科学認識」（普遍的真理認識）の可能性の証明に用いている。じっさいスコトゥスがその証明をしている問題は、「なんらかの確実で信頼できる真理が、神の特別な照明なしに、人間の知性によって自然本性的に認識できるか」という問いである。[4] この問いの中の「神の特別な照明なしに」とは、「信仰の力なしに」と理解していい。とにかく、信仰の力に頼らず、あるいは、特別な祈りの力に頼らず、ふつうの人間の能力のみで、確実な科学的真理認識を、人間知性は得ることができるか、という問いの解決において、彼は「直観」をもちだしているのである。

　じっさいスコトゥスは、確実な科学認識を得ることが「できる」という答えを示すために、さまざまな疑問に答えている。懐疑主義者は、わたしたちが「知っていると思っているもの」は、「夢」かもしれない、「錯覚」かもしれない、と批判する。それに対して、「自分が目覚めている」という直接的認識は、偶然の事態の一つであっても、「直接の第一のもの」、すなわち、「直観」であるから「確実である」と、スコトゥスは主張する。また、錯覚があっても、その錯覚の認識自体は「直観している通り」であり、なおかつ、その認識が「錯覚である」と判断することは、別の種類の感覚を通して、つまり別の直観によって、確実に認識できると、彼は主張する。

　たとえば、水中に差し込んだ棒が折れ曲がって見えても、手で触れば、折れていないことが分かる。つまり視覚の錯覚が、手の触覚認識によって容易に修正できると指摘する。そしてこの修正を可能にしているのは、個別の感覚認識を、理性の認識（直観）として受け取っている理性のはたらきである。なぜなら、理性は、直観を受け取ることに終始するのではなく、直観内容を別の直観で吟味する能力をもつからである。このようにスコトゥスは、科学の真理性が依存しているのは、理性の論理と、個別の感覚を通した「個別の理性的直観認識」であることを例示している。

それゆえ、ガリレオが、たまたま、思い付きで経験を重視したゆえに、中世のスコラ哲学に対抗する近代の科学が誕生したのではない。むしろアリストテレスのうちにあった思弁的で抽象的な認識の重視に対して、感覚認識のうちに理性的直観認識を見いだし、その真理性を証明することに成功した中世末期のスコラ哲学が、抽象概念にもとづく古代の科学を廃して、個別の経験にもとづく近代科学を生み出したのである。

わたしたちが以上の歴史から、ことに注目しなければならないのは、感覚内容に一致した直観認識が、近代が誇る客観的に正しい認識、つまり「科学的認識」のもつ真理性の「第一の根拠」になっていることである。じっさい、しっかりしたデータをもたない主張を科学だと言うのは、まったくのまやかしだろう。しかしまた、まさにそうであるなら、「最初の直観」、すなわち「最初の知覚」が、科学が真理の基礎にしている「正しいことば」であることは明らかである。すなわち、後に他者の「間違ったことば」によって批判され、ときに「最初のことば」が他者のことばによって捻じ曲げられることがあったとしても、そういうことが起こる以前は、直観において得られたその「ことば」は、科学認識の入口であり、「正しいことば」なのである。

4 知覚の原理性

繰り返すが、何らかのものの最初の知覚は、それについての最初の真理認識である。それは、「直観」という理性認識の「入口」である。たしかに、どの知覚も、感覚その他の置かれた条件によって、この入口で「誤り」が生じうる。それゆえ、他の感覚による検証が行われなければ、理性は正しくそれについての「普遍的認識」に進むことはできない。しかしそうであるとしても、他方で、外に開かれた入口は、「感覚」と結びついた「知覚」であるから、「知覚」はつねに「感覚」と「一致」している。「感覚」こそ、理性が、自分の外の世界に接する唯一の窓だからである。

したがってわたしたちは、「感覚内容」を「知覚」に置き直すことで、つまり「感覚」を「ことば」にすることで、わたしたちの科学的認識の根拠を、かならず外の世界に見いだすことができる。なぜなら、この「感覚からことばへ」の置き直しの過程を、理性は知っているからである。

じっさい、「ことば」で呼んだものを、わたしたちは視覚でとらえることができる。それ以外には、外の世界についての確かな根拠はない。それゆえ、哲学であれ、科学であれ、「正しい論（ことば）」を「原理」（はじまり）からつくるとき、「知覚」によらずにそれをつくることはできない。

わたしたちが過ちから離れるために注意すべきは、むしろ言葉巧みな「思弁」や「理論」による「知覚」の隠蔽である。わたしたちが過去の哲学から学ぶのは、演説のように延々と述べられる思弁こそ、わたしたちの間に偏見を生み出し、知覚が生み出す「正しいことば」を捻じ曲げるものとなりやすい、という事実である。

それゆえに、短いことばを交わすソクラテスの一問一答が、真実を守るために必要な所作であると、わたしたちは気づかなければならないだろう。じっさい、ソクラテスの短い「問い」は、いつもわたしたちに大事な何かを「気づかせる」ための「ことば」であって、その「気づき」となる「知覚」から、わたしたちの心を遠ざけているのは、むしろ、別の何かを「長々と説得することば」なのである。

また現代フランスの哲学者アンリ・ベルクソンが、『意識に直接与えられたもの』という著作によって哲学を刷新することを企図したことも、「知覚」が哲学を既存の思弁から刷新する手立てとなることを証明している。なぜなら、「意識に直接与えられるもの」とは、「知覚」だからである。そして、「意識」とは、理性認識の自己内容を指しているからである。彼が研究を通じて見つけたものが「持続」であったとしても、それは直観とも呼ばれる「知覚」がとらえた「ものごとの存在の様態」であることは、確かである。

そしてこの「正しいことば」となる最初の知覚認識は、「わたしの知覚認識」として生じる。それはどこに生じるかと言えば、「わたしの理性世界」に生じる。したがって、それは「わたしが見る」、あるいは、「わたしが聞く」、あるいは、「わたしに臭う」、あるいは、「わたしに触れる」何かの知覚である。これらの認識は、プラトン、アリストテレスの頃から続く素朴な科学主義では、たしかに「感覚的主観的」であるからという理由だけで、即、「真理」の名に値しないと見られていた。

しかしながら、すでに述べたように、スコトゥスによれば、これらの認識は、主観的偶然的であったとしても、「第一の直接的な認識」であるゆえに、「真理」の名に値するのである。なぜなら、「真である」とは、「正しい」ということであり、理性の出発点である最初の知覚は、思弁に惑わされる判断をともなわない「最初の（原初の）理性認識」であるゆえに、いまだ時代の社会的言語によって捻じ曲げられていない「正しいことば」だと、見なすことができるからである。

5 1人称単数の知覚から3人称の普遍認識の構成

1人称単数の「わたし」が最初に持つ知覚は、つねに「正しい認識」であり、哲学と科学に共通の根拠となる認識である。この出発点から異なる道を進んで、一方は哲学となり、他方は科学となる。哲学が取る道は、1人称の世界から出ることを二次的なこととする道である。それについては、また章をあらためて論じることにしたい。まずは、その準備として、知覚から進んで科学一般がとる道を見ておきたい。

第一に、科学は3人称で記述される世界を対象にしている。それは複数の人に共通の「客観的世界」と言われる。

第二に、科学は3人称の世界を矛盾なしに記述するために、複数の次元（たとえば時空間の広がり）に一定の尺度を刻んで、事象（主語）の変化、運動を、数ないし記号によって記録する。

第三に、科学は3人称の世界の真理（普遍的に真であると言える命題）を獲得するために、一定の「矛盾のない」（ことばのつながりがことばを破綻させない）状態でことばを構成する。

第四に、科学は上記第二と第三の条件の真理を検証するために、複数の科学者が観察を繰り返し、実験を再現し、論理に矛盾がないか、検討する。

ただし、第三の条件のうち「一定の矛盾の無い状態でことばを構成する」は、哲学にも共通に言えることである。なぜなら、哲学も理性的認識だからである。しかし、第四の条件は、科学の対象が3人称の世界だからこそ言えることである。なぜなら、3人称の世界でなければ、第三者の科学者による検証はできないからである。

さらにまた、第二の条件も、3人称で記述される世界でしか十全には成り立たない。なぜなら、3人称の世界でしか複数次元の広がりは設定できないからである。

したがって、科学の特徴は、3人称で記述される世界を対象にしていることである。そしてこのことと、最初の知覚が一人称単数の世界にあることと、どのように関係することができるか？これが当面の問題である。

言うまでもなく、1人称単数の「わたし」が3人称の世界を記述することには、何ら問題ない。なぜなら、2人称も3人称も、それが「わたしのことば」であるかぎりは、1人称単数の世界のうちで記述されるからである。たとえば、「それは一匹の犬である」は、3人称の文であるが、一人の「わたし」だけでもそれを語ることができる。そしてその文をわたしは「真である」と主張することができる。すなわち、「わたしは、それは一匹の犬であると、言う」と言えるし、この全体を、「真である」と、わたしは言うことができる。

しかし、他者が「『それ』とはどれだ」とか、「わたしには、『それ』とはどれか分からないから、その文はわたしには真ではない」と主張することができる。したがってその文の真理性は、時空の目盛りを当てて「3人称の世界を土台とする普遍的真理」かどうか、検討されなければならない。

すなわち、3人称の世界を土台とする普遍的真理は、複数の「わたし」によって指示できる同一の事象について言われるものでなければならない。その3人称の主語が、3人称の世界を分割する時空的次元の特定の位置によって指示されなければならない。そうでなければ、複数の「わたし」がその主語について一致することができない。主語について一致できなければ、述語について一致できるはずがない。それゆえ、3人称の世界の普遍的真理は、複数の「わたし」によって同じものが指示され、納得されなければ成り立たない真理である。

ところで、「複数のわたし」とは、「わたしたち」である。1人称単数と1人称複数の違いは、一方の「わたし」、すなわち、1人称単数の「わたし」は、3人称の普遍的真理を、自分を主語として他者に、本来は指示できないが、他方の「わたしたち」、すなわち、1人称複数は、それができるという違いである。なぜなら、「わたし」が3人称の普遍的真理を他者の「わたし」に語るためには、その真理を他者に通じさせる他者と共通の「ことば」が必要になる。その「ことば」は、「わたし」個人の「ことば」ではなく、「わたし」と他者の間の「共同主観」である。

したがって、その共同主観の「ことば」は、1人称単数の「わたし」の「ことば」ではなく、

1人称複数の「わたしたち」の「ことば」である。したがって、「わたし」が3人称の普遍的真理を他者に語るためには、主語の「わたし」は、「わたしたち」に、ならなければならない。つまり率直に言えば、「わたし」が普遍的真理を語るためには、「わたし」は、じつは一人の自分を、「わたしたち」であると、詐称しなければならない。言い換えると、「わたし」は、複数の人間に代わってその真理を言っていると主張しなければ、「わたし」は3人称の世界の普遍的真理を誠実に主張することができない。

たとえば、「万有引力の法則が宇宙の真理であると、ニュートンは主張した」と「わたし」が他者に向かって言うとき、発言されたその事実内容は、本当は、「わたしたち」が「知っている真理」である。そのように、学校や本でわたしたちは、教えられた。つまり「わたし」は、「わたしたちの真理の一つ」を知っている、というのが発言の中身である。ところが、「わたしは、『万有引力の法則』について知っている」という発言は、その真理を「わたしだけ」が知っている場合と表面上は変わらない発言である。

しかし、「ニュートンは万有引力の法則を発見した」は、あくまでも「わたしたちの真理」であって、「わたしの真理」ではない。言い換えると、それは事実としては、自分の属する「共同体がもつ真理」である。共同体がもつ真理だからこそ、「わたし」のその発言は、同じ共同体に属する他者に聞かれたとき、「その通りだ」と、何の支障もなく他者に受け入れられる。

言うまでもなく、「わたしたちの共同体」（言語共同体）の中では、一般的に、自分が共同体から教えられた事実は、その共同体に属するだれであれ、正確を期するために主語を複数にして、「わたしたちは、宇宙の法則について、〈Ｔ〉を知っている」と発言しなくても構わないと見られている。つまり単数の主語を用いて「わたしが、〈Ｔ〉を知っている」という発言であっても、「わたし」は主語を詐称していると言って糾弾されない。じっさい、わたしたちは、自分が使うことばのほとんどを、社会から教えられて知っている。つまり事実上、社会に通用していることばは、だれでも社会から学んで知っているものである。それゆえ、たとえ正確には「わたしたちは知っている」であっても、つまり「わたしたちの社会がそれを知っていることを、わたしは知っている」と、正確には言うべきであったとしても、それを簡略化して「わたしは知っている」と言うことは、ことばの誤用だとは、通常、言われない。

じっさい、それを「わたしは知っている」という発言は、「わたし」がよく社会から学んでいることを示すだけである。しかし「わたしたちは」と言わずに、「わたしは」でいい、という判断は、まるで「わたし」は、いつも「わたしたち」であることを他者に向かって表明しているようなものである。そしてそれが他者に受け入れられ、他者もまたわたしにそれを述べることによって、互いに同じ共同体の一員であることを、暗に了解していることは、通常、わたしたちは意識しない。

したがって、わたしたちの間では、主語の「わたし」と「わたしたち」の違いは、自覚されずに、しばしば混同されている。とくに日本語では、主語の人称の違いは「ことば」の表に現れないために、「わたし」と「わたしたち」の違いを意識する土台となる理解力（理性）が育たない。なぜなら、すでに述べたように、「ことば」が「理性」を構成するからである。日本人の多くが正しく自己のアイデンティティー（自己意識）をもつことができずに多数派に流れやすいのは、日本語がもつこのような特性によると、見ることができる。じっさい、そのために日本では、個性的な意見の表明が、「自己中心的な発言」あるいは、「自己顕示的発言」であると受け取られがちである。また日本人の会議で個人の意見表明が少ない理由は、日本語の特性が、「自己の理性」を育てる経験を一人一人から奪っているからだと、見ることができる。

6 「わたしの真理」と「わたしたちの真理」

わたしたちの生活の中では、以上のような「あいまいさ」は、むしろ一般的である。つまり「自分の共同体がもつ真理」を、「わたし」は、自分が「わたしたち」だと思って発言しているのか、それとも「わたしだけがもつ個人的真理」を、「わたし」が発言しているのか、それがあいまいなまま、見過ごされている。じっさい、国家の元首が発言した内容は、直接には、その個人の真理であって、社会共通の真理と認めるためには、必要な検証を経なければならない。しかし、じっさいには、マスコミを通じ、聞く人の従順さによって、その発言内容は、社会が共通にもつべき真理として受け入れられている。

そして、一般的に「真理」と認められるものとは、共同体に認められた真理である。そして自分の発言が共同体に認められることで、人は、自己が共同体に認められる存在であることを確認できる。それゆえ、人は、反対に、共同体に認められた以外の真理を、「真理」として発言するときは、自己の孤独を意識する（自覚する）。なぜなら、発言は、大多数からの批判にさらされる可能性が大きいからである。じっさい、批判されることは、「自己の存在」（自分の理性）が共同体から認められないことを意味する。したがって、ときに発言は躊躇される。しかし、発言しなければ、自分が共同体に認められる機会を失う。つまり自己の存在意義を、共同体を通して得る機会を、人は失う。

じっさい、「わたしだけの真理」を共同体に向かって「わたし」が発言するときとは、自分の真理を共同体に認めてもらうために「わたし」が発言することである。そして認められなければ、以後、発言を控えることで、「わたし」は、共同体に属し続けることを許される。すなわち、「わたし」は、「わたしたち」でもあることを、認めてもらうことができる。反対に、その発言を批判された「わたし」が、その発言を止めなければ、「わたし」は共同体から強制的に「わたしたち」の立場での発言を止められる。

じっさい、科学の共同体において、あらたな真理は、その共同体において検証され、認められるとき、そのときだけ、その真理は共同体のなかのだれもが共通に「真理」として発言することが可能になる。それまでは、検討すべき内容として「宙ぶらりん」の状態に置かれる。つまり特定の「わたし」の真理としてのみ、他者によって語られる。本人は、共同体の真理であると主張するとしても、共同体の全体は、認めない。つまり疑惑の目を注がれる。

ソクラテスは、裁判員に向かって自分が世の中で中傷されることになった理由を説明したとき、まずデルポイの神託があったことを、はじめて広く世間に明かした。なぜなら、それは、世間周知の事実ではなく、ソクラテス個人が出合った真実であったからである。そして、なぜそれを裁判で明かしたかと言えば、彼によれば、世間に周知の（公の）デルポイの神（アポロン神）は、「だれよりもソクラテスには知恵がある」と言ったが、それに反して、ソクラテス個人のほうでは、「わたしは、大なり小なり、自分自身に知恵があると、知らない」ということがあったからである。

さて、デルポイの神託内容である「ソクラテスより知恵のある者はいない」は、当時の社会にとって公的なものであるから、3人称の知の内容である。したがってこの事実については、裁判において、彼は証人による証言を得ることができた。しかし、「わたしは、自分自身に知恵があると、知らない」という「ことば」は、1人称のことばである。それは、わたしの「主観」であるから、ソクラテス自身が主張しなければだれも知らないことがらである。当然、「それは真である」と証言する証人は、彼自身のほかに居ない。今、それを聞いて、そうだったのかと思っても、あくまでもソクラテス個人の話であって、ほかの人間がとくに興味のもてる話でもない。

一般には、発言は、ソクラテスの「無知の自覚」を述べたものとして知られている。しかし、原文は一人称の文であり、しかも「今ここ」における真理としてソクラテスは語っている。つまり原文は「わたしは、知恵を、知覚していない」という「わたし」の現在の話である。「知覚していない」ことを3人称の「知識」としてソクラテスが定常的にもっている、ということではない。「知識」であるなら、それは3人称の世界の真理として、時空間のうちにあったソクラテスがもったものとして、たしかに語られる。つまり証人を得て、多数の人々の間で共通的に真理であることがらとして、述べることができる。

ところが、ソクラテスの先の発言は、「わたしは」(エゴー)が明確にされ、「わたしが知らない」(クシュ・ノイダ)が1人称の現在形で述べられている。それゆえ、彼が大なり小なり知恵を「知らない」ことは、あくまでも彼だけが「今ここで」もつ「わたしの真理」である。すなわち、「わたしは」(エゴー)という文頭の「ことば」には、「ほかの人はどうか知らないが」という意味が含まれている。

ソクラテスは、そこで「わたし」という自己意識を、きわめて強くもっている。とはいえ、それはけして自己顕示欲ではない。むしろだれであれ、一人一人を区別する理解において、ソクラテスは「わたし」を区別しているのである。一人一人を区別しなければ、「わたし」は「わたしたち」と区別できない。また一人一人が区別できていなければ、「あなた」を、「あなたたち」と区別できない。ソクラテスの精神は、1人称複数と正確に区別された1人称単数の世界をもつのである。

したがって、彼の「無知の自覚」を客観的「知識」としてわたしたちが受け取るのは、正しくない。すなわち、「ソクラテスは、無知の自覚をもっていた」と、ソクラテスについての真理としてそれを3人称で語るとき、ここには全くの、「学問的な説明」がある。しかし、彼が言う「無知の自覚」の正確な理解は、1人称で表された「ことば」にある。それは主観的真理であるから、客観的な説明はそぐわない。その説明は、それの正確な理解を各自の「わたし」に伝えない。なぜなら、「無知の自覚」を3人称の知識としてもつことは、それを個人の主体性から「切り離して」認識することであって、1人称単数の当人が、じっさいに「無知を自覚する人」であることを、理解することではないからである。

なぜなら、3人称的知識として受け取ることは、それを第三者として受け取ることだからである。たとえば、あることで悩んでいる人が、ある人にその悩みを打ち明けたとき、打ち明けられた人間がその内容をまったくの第三者として受け取るとき、その受け止め方は「それは、わたし自身には関係のないこと、無関心でいられること」の意味で、相手の悩みを受け取っている。けして1人称の「わたし」が、受け取っているのではない。このとき、もしも悩みを打ち明けた人間が、「人間」としての「相手」（2人称単数）に期待して打ち明けたのだとすると、一人称単数の自分を無視されたと感じて傷つくだろう。では、悩みを聞いた人は、その悩みを、1人称の当人として聞くことはできるだろうか。

問題は、その悩みを話す「ことば」が、その悩みを他者に伝えるうえで十分なものであるかどうか、である。十分であれば、たしかに、あとは、それを聞く人の力量の問題だろう。しかし、悩みが十全に聞き取られないことのほうが、ふつうである。なぜなら、悩みを聞く人間は、悩みを打ち明ける人間とは別の人間だからである。相手の話を2人称の「あなた」の話として聞いても、それは「わたし」が全身全霊で聞くこと以上のことではない。1人称の当人でないかぎり、1人称の「わたし」の話として聞くことはできない。それは、ソクラテスの「無知の自覚」を、だれもソクラテス当人として聞くことができないことと同じである。

医師が患者の話を聞くとき、科学的見地から患者の疾患の状態を知ることが目的なのか、それとも、医師が一人の人間として、患者の人間としての悩みを聞くことが目的なのか。その間には、明らかな違いが見られる。また、患者の側では、医師の発言を、自分の抱える悩みの客観的見地からの診断として聞こうとするのか、患者である自分を見る別の人間の心を知りたくて（「あなた」は「わたし」をどう見ているのか）医師に聞いているのか、という違いがある。この違いに無関心でいると、誤解が生じ、両者の間に無意味なわだかまりが生じる。

悩みは、その人自身の1人称的ことがらであり、それを受け取る人は、少なくとも、「あなた」の悩みとして、すなわち、2人称単数のことがらとして受け取るときはじめて、可能なかぎり1人称の「わたし」がそれを受け取ることに、近づくことになる。したがって、1人称のことがらの正確な理解は、自分のことがらとして、すなわち、1人称単数のことがらとして、受け取ることができたときのみである。それゆえ、それは事実上、不可能である。なぜなら、「わたし」と「あなた」は別の人間であり、別の人生をもつからである。

むしろかえって、それゆえに、お互いが別々の異なった「わたし」であるという事実を認識することで、相手への理解が真実のものになる。すなわち、「わたし」が、「他の人とは異なるもの」として「わたし」自身に知られ、「あなた」が、やはり「他の人とは異なるもの」として「わたし」に受け取られたとき、そのときのみ、「わたし」は「あなた」を理解することに、一歩、近づくことができる。

それゆえ、ことにソクラテスの「無知の自覚」は、その内容がだれでもが経験することではないゆえに、当時も、現代においても、自分たちから離れた「3人称的事実」として受け取られるばかりで、1人称的事実として理解されることは、通常、ない。じっさい、1人称的に受け取られる、ということは、その自覚がその人のものになる、ということだからである。すなわち、ソクラテスと同様に、無知の自覚をもった人に実際になることを意味する。

さらに、ソクラテスの裁判で問題にされた彼の問答は、彼自身によれば、「国民としての徳（たとえば正義）について、わたしは知らない」という「わたしの真理」によるものであった。しかし、この真理は、ほかの市民のだれも、けして認めない真理であった。なぜなら、みなが「国民としての徳を知らない」状態なら、「徳のある国民はだれも居ない」ことになるからである。ソクラテスが属していた都市、アテナイ市の誇り高き共同体は、スパルタ連合軍には戦争で負けたが、「正義や勇気の徳をだれも知らない」という主張を、真理であるとは認めなかった。なぜなら、当時の人々はだれも自分たちを徳のない「野蛮人」だとは思わなかったからである。

ところが、ソクラテスは、その「わたしの真理」の発言を他者に向かってすること、つまり正義その他の徳についての「問答」を、同じ共同体の一人一人の他者に対して投げかけることを、いつまでも止めなかった。つまり「お前も、国民としての正義が分かっていないのではないか」という問いを、彼はあかず、一人一人に突きつけた。しかし、共同体の立場を背負っていた人は、その問答に答えることができなかった。なぜなら、ソクラテスの問答は、事実上、誇り高い「共同体の立場」を、一人一人に、「捨てる」ことを要求する問答だったからである。

じっさい、「正義」は「国家形成の基盤」である。それについて、旧弊にこだわらずに、いったん「わたしたちは正義だ」という「自分たちのお墨付き」を取りやめ、同時に、愛国心という旧の情愛を切り離して、自分たちの真実をあらためて吟味することは、きわめてむずかしいことであった。なぜなら、それは、「国民である」という自覚を捨てること、すなわち「アテナイ市民である」ことを忘れることだからである。それは、愛国心から自由になれない人にはできない。たとえば、かつての戦争中に、日本人が、日本人であることをいったん捨てて、日本の国家について議論することを求めたら、ほかの人達から、どのように見られただろうか。それを考えれば、ソクラテスの問答が当時の社会で受け止められた事態が、正確に理解されるだろう。問答を止めようとしないソクラテスは、共同体の拒否権を認めない者として糾弾され、ついに死刑になったのである。

繰り返すが、最初の知覚は、「わたし」がもつものである。したがって、「わたしの真理」である。それは、即「わたしたちの真理」ではない。「1人称単数の真理」は「個人の主観」であって、「1人称複数」の間に認められる「共同の真理」ではない。このことは、今しがた述べたことから明らかだろう。そうであるなら、二つの間には区別がある。ところが、共同体の内側では、その「共同体の真理」は、見ず知らずのだれかの「わたしの真理」と、区別なしに流布される。そのため、しばしばわたしたちが耳にする「ことば」に、だれかが付け加えた「わたしの真理」

の「欺瞞」が、容易に混じるのである。じっさい噂は、だれの発言かわからないままに、人の口から口へと伝わっていく。

そして、「共同体の真理」として認められていた「ことば」が、だれかの「わたしの真理」によって欺瞞であることが究明されたとき、そのときは、「わたしの真理」（わたしの知覚）がその共同体の真理を廃して、あらたな共同体の真理として華々しく登場する。たとえば、新聞のスクープ記事は、記者個人の真理によって引き起こされる。言うまでもなく、それがまたあらたな欺瞞となって共同体を操るかもしれない。実際に現代でも、こうしたことが日々起こるので、わたしたちは何が真であるか分からない状態で、多量の情報に迷うのである。

「わたしの発言」は、「わたしの真理」を語るのみなのか、それとも、「わたしの発言」は、だれかに聞いた「わたしたちの真理」を主張しているのか。わたしたちは、共同体の一員であることによって自分の生活を安心なものにしているので、無自覚に、後者の意図、すなわち、「わたし」は「わたしたち」のつもりであることを、お互いに承認しながら、一人一人の「わたし」が発言し、それを聞いている。無自覚なので、「わたし」と言いつつ、それが「わたし」のことか「わたしたち」のことか分からない。つまり「わたし」は、自分が「わたしたち」を詐称していることに気づいていない。それゆえ、発言内容を落ち着いて検証しなければならない場面でも、それを検証することを省いて、即座に、相手の過ちを信じるとか、相手の真実を中傷することが、世の中で横行する。こうして、真実が隠蔽されるのである。

当然、世の中の発言内容が増えれば、それだけ検証の必要が増えるが、ある時点で、検証は間に合わなくなる。共同体の人間の数が、ある閾値を超えれば、真実が見えなくなり、人間の発言の数が増すごとに、そしてさらに社会の動きが早くなって発言が生ずるスピードが増すごとに、共同体は欺瞞の大波にさらされるのである。

この問題を吟味することの重要さは、以上のことで明らかだろう。


そしてこれまでの検討を通じて、つぎのことが言える。

「わたしの知覚」から生まれた「わたしの発言」内容は、必ずしも「わたしたちの真理」ではない。そうであるなら、「わたしの真理」は、「わたしたちの真理」とは区別されなければならない。しかし、二つが区別される、ということは、それぞれが独立している、ということである。そうであるなら、一方の真理は、かならずしも他方に依存しているのではない。ところが、わたしたちは、ふだん、「わたしたちの真理」（共同体が客観的だと見なす真理）と共通でなければ、「わたしの真理」は真理ではないと、主張する。しかし、この主張は、「わたし」と「わたしたち」を区別していない。つまり主語に関して混同がある。

したがって、「わたしの真理」は「わたしたちの真理」ではないが、そうだからと言って、「わたしの真理」（主観的真理）は「端的に真理ではない」とは、「わたしたち」が「言う権利はない」。つまり「わたしの真理」が「わたしたちの真理」でないのなら、「わたしの真理」を、「それは真理ではない」と言う権利は、共同体にはない。

「わたしの真理」（主体の真理）について共同体の立場で判定をくだすことを、いったんは差し控えるべきである理由は、「わたしたちの真理」を「わたし」が言うことに、そもそも誤りが含まれるからである。なぜなら、「わたしたちの真理」は、「わたし」が言うものではなく、「わたしたち」が言うべきものだからである。そして逆もまた真だからである。しかし、発言するのは、いつもだれか一人である。したがって、特定の一人が「わたしたちは」と発言することは、「わたし」を「わたしたち」と言い換えていることになる。そしてこれは、すでに述べたように、厳密にいえば主語の詐称である。

7 「わたしたちの真理」の真理性と「わたしの知覚」

個人の主観に過ぎない「わたしの真理」よりも、共同体がもつ「わたしたちの真理」のほうが、多数の人の目によって見られているのだから、より信頼できると、わたしたちは思い込んでいる。たしかに、科学者の共同体において、多数の専門家の目で真理がきびしく検証されて真理が確定されていることを、わたしたちは知っている。その事実を見ることで、わたしたちは、社会のなかで「わたしの真理」が多数の目で確かめられて「わたしたちの真理」が生じていると、無自覚に臆測している。しかし、それは事実ではない。

たしかに、社会には真実を見極めてそれを報道するジャーナリズムというものがある。しかし、それが行う検証（真理の吟味）がどれだけ科学的か、となれば、専門の科学と、かならずしも同程度ではない。なぜなら、科学的真理は、単純に3人称で記述される世界の事象についてのものであるが、人間社会に起こる「共同体の真理」は、1人称複数の「わたしたち」に起こる事象だからである。それは3人称で記述される世界の出来事ではないだけに、指示されていることの同一性が、つねに疑わしい。その真理性は共同的であっても、やはり主観的であるだけに、その真理性を吟味することは、事物的（客観的）事象を検証することよりも、はるかに困難である。

一方で、科学的真理も、多数の科学者の間の共同体の真理であることでは「わたしたちの真理」であることを免れることはできない。つまりそれもまた「共同主観」であることを免れない。しかしそれでも、対象が3人称の世界であることによって、科学者は、自分たちから完全に切り離すことができる事象を、離れた立場から、客観的に検証することが可能である。そしてその分、科学の検証は、人間自身の欺瞞性を免れたものでありうる。

他方、「人間社会」は、現に生きて動いている人間自身の社会であるゆえに、事物的科学の対象とは異なる。それは自分たち自身であるゆえに、自分たちから切り離して見ることに限界がある。そこにある社会は、「わたし」がもちうる欺瞞性を集めて、かえって、「わたしたち」の間で、欺瞞を真理に変えてしまう錬金術が行われる。この錬金術を人々が見ずに、欺瞞を真理であると信じてしまうもっとも大きな原因は、社会がもつ支配者側の、被支配者側に対する「説諭」である。

自分たちの社会集団の安全こそがその社会に属する個人の安全を保障するのだから、社会集団の安全確保ために、個人は奉仕的努力を惜しまないことが必要であると、大衆は容易に説諭される。あるいは、被支配者側も、支配者側の主張に合わせることで利を得ようとする。そのため、支配者側に片寄った意見が「わたしたちの真理」として受容されやすい。

そしてわたしたちの活動は、そういう社会に役立つかぎりで評価され、そういう社会性こそ、人が身に付けなければならない人間性であると、繰り返し、聞かされるのである。日本においては「権利の主張」よりも「責任」が強調されるのは、おそらくそのためである。言うまでもなく、すでに説明した通り、本当は、権利の主張もまた、人間の義務であり、責任である。ところが、共同体の支配者の側に沿って、その意味が捻じ曲げられて流布されている。

そして「人間の美徳」が、この社会性の評価基準として作り出される。つまり社会に役立つ個人を「立派な人物」として評価するための「ことば」が、つぎつぎと生まれる。それが、「国民

（市民）としての徳」とソクラテスによって呼ばれたものである。すなわち、国の法律に従う「正義」、戦場で命がけで戦う「勇気」、国を守る神への「敬虔」、ぜいたくで心を乱さないための「節制」、敵に勝つ戦略を練り、国家を統制する「知恵」、等々である。日本でなら、「忠義」とか「協調」とか「滅私奉公」とかが、挙げられるだろう。

それゆえ、社会のなかで発せられる「わたしたちの真理」は、あるいは、情報、知識は、どれも注意して検討吟味され続けなければ、欺瞞に満ちたものになる。自分が見聞きする中で、世の中のだれも批判していない、という確認をいくらしても、それが欺瞞ではないことの確実な証拠にはならない。むしろ自分という一個人による吟味が必要である。科学世界の共同的真理と同様に、各個人によるきびしい吟味が必要である。つまり個人は、人間の行動を相互に監視するのではなく、「わたしたち」の間で「真理」とされている「知識」のほうを、監視しなければならない。ソクラテスのように、その真偽を、各個人が吟味しなければならない。なぜなら、その「知識」が、自分たちの社会の正当性を作りだしているからである。

じっさい、その批判的吟味の根拠となる「真理」はどこにあるかと言えば、科学における既存の真理の批判が、あらたな個別の実験、観察、あるいは、数学的推論、すなわち、個人によるあらたな個別の経験、言い換えれば、「わたしの知覚経験」と、「わたし」が見つける「矛盾を排除するあらたな推論」にあることは、すでに述べた。つまり真理の根拠は、すべて個々人の経験なのである。すなわち、「わたしたちの真理」は、むしろ「わたしの真理」によって、検証（吟味）されなければならない。そして、「わたしの真理」は、別の人物の「わたしの真理」によって、さらに吟味されなければならない。ちょうどソクラテスが一対一の問答を繰り返したように。

1 日本人は漢字の違いから意味の違いを受け取る文字文化をもっている。そのためにヨーロッパ哲学を表す翻訳について誤解を生じやすい。「科学」と「学問」と「知識」は、ヨーロッパの言語では、ほとんどの場合、同じ単語が使われている。つまりこの三つの熟語は、全く同じ意味である。

2 本来的に言えば、「説明」は「科学」（知識）と同じ意味であるから、「非科学的説明」ということばは矛盾を含んでいる。ただここでは哲学が科学ではないことを有効に論じるために、仮にこのように言うだけである。後にわたしは、科学が「対象の真理」を扱うのに対して、哲学は「主観の真理」を扱うという区別を持ち出す。それができるようになれば、二つの違いを矛盾のない仕方で説明できる。

3 八木雄二訳著『カントが中世から学んだ「直観認識」――スコトゥスの「想起説」読解』知泉書館、二〇一七年。

4 ドゥンス・スコトゥス著、八木雄二訳註『存在の一義性――ヨーロッパ中世の形而上学』知泉学術叢書9、知泉書館二〇一九年、二九三頁以下。

5 同上、三四五―三六四頁。

第3章

「わたしの世界」を見つける

1 「わたしの世界」の独立性

たとえば、わたしのこの著作は、公的に出版されることを目指して書かれている。ということは、それが「わたしたちの真理」として扱われることを、わたしは社会に求めている。なぜなら、もしもそうでなければ、この著述は社会の評価を受けないことを目指していると、言わなければならないからである。しかし著述が読まれないことを目指して書かれることは矛盾である。したがって、この著述は、「わたし」の「発言」であるが、共通の言語共同体に認められて、この著述内容が「共同的真理」と認められることを目指している。しかし、それと同時に、認められるかどうか、「わたしの理性」は、いずれの評価を受けるか、未決の状態にある。言うまでもなく、それは共同体が、「共同体としての真偽」を決めるからである。それは「わたし」には決められない。

「わたし」のはたらきが社会に評価されないとき、「わたし」は「わたしたち」の一員としての存在を否定される。それは、「わたし」が社会によって評価されないことを意味する。そのとき「わたし」は、「わたしたち」の中に存在しない。社会的評価を求める「わたし」は、それを避けようと、あらかじめ、「わたし」が「わたしたち」であることを、著作の活動を通じて無自覚に述べている。つまりこの著作も、評価がされる前に、すでに評価がされているかのように、言い換えると、すでに共同体の真理に達しているかのように、著述される。ここには、「わたし」に過ぎないものを「わたしたち」にしている詐称がある。しかし、これは、一般に罪悪とされていない。

それゆえ、この著作を含めて「わたし」は、すでに述べたことだが、しばしば「わたしたち」の立場に立っているかのように振る舞う。言い換えると、「わたしたち」の背後に隠れて、「わたし」は、自分の発言について、自分だけがもつ責任から逃れようとしている。ところで、発言する自分とは、「ことば」を語る主体であるから、「わたしの理性」である。理性は「ことば」をはたらかせて「判断する」。したがって、それは善悪、真偽の判断をして「発言する」。しかし、善悪、真偽は、「公共のことがら」にかかわる判断である。その判断を現実にする理性は、つねに個別の理性であるから、「わたし」の理性であるほかない。けして「わたしたち」ではない。しかし、「公共のこと」についての判断であるなら、判断する資格のある主語は「わたしたち」でなければならない。

ところで、「わたしは言う」（レゴー）は、「ロゴス」（ことば）の動詞形である。したがって、「ことば」と「発言」ないし「語ること」は同義のことばである。これらのことを考慮するなら、理性である「わたし」が「発言する」とき、「わたし」は自分の理性を表明する。したがって、その判断の責任は自分に在ることは、自明である。しかし、責任の限界はどこにあるか、はっきりとは見えない。なぜなら、責任は社会が個人に要求するものであるから、個人の側に社会の要求が判然と見えない分だけ、その責任はあいまいである。つまり、一対一なら、一人の相手に対する責任である。この責任範囲は明確である。しかし、社会は不特定多数の人間である。したがって、社会的責任の相手は、つねにあやふやである。責任が仕事の内容に関するものならば、それは3人称のことがらなので、その点では明らかになりやすいが、社会が複雑になると、その仕事が及ぼす個々人の影響について、どこまで責任が要求されるか、あいまいになる。

そのあいまいさは個人の無責任を誘発するが、他方で、「わたし」は、「わたしたち」のつもりで、自分の考えを主張する。というよりも、むしろわたしたちは、「わたしたち」を、「わたしの味方」と勝手に思い込んでいる。したがって、適当に、都合よく、「わたし」は、「わたしたち」であると考えている。たとえば、ソクラテスが敵対した政治家アニュトスは、事実としては「わたしは」であっても、発言においてアテナイの市民全員が自分を支援しているつもりになって「わたしたちは、そうは思わない」と、ソクラテスに向かって言った可能性が高い。そしてそのことに、彼は何ら違和感を覚えなかっただろう。

言うまでもなく、人は自覚して「わたし」の発言を「わたし」から「わたしたち」に移さないことはできる。なぜなら、「わたし」が「わたし」に過ぎないことを守る（「わたし」を自覚する）

ことは、理性が自由にとることができる態度だからである。しかし、それでも、聞いている他者が、そのとき、問いを発する者を、「わたし」一人の発言ととるか、「わたしたち」の発言ととるかは、相手の自由な判断である。すなわち、相手の問いを、「この問いは、自分が多くの同意見の人たちを代表して君に問うているのであって、自分だけが問うているのではない」という声と聞くか、それとも、「ほかのだれもこのような問いはもたない、自分一人だけの問いだ」という声と聞くかは、相手の自由な判断である。

それらのうち、前者のように問いが受け取られると、「問い」は、ある共同意見の社会と、別のある共同意見の社会の間の「社会的対立」として受け止められる。このとき、問いを受けるものは、自分が属する社会を代表して戦わなければならない、そのように、考えてしまいがちである。すなわち、わたしたちは、ふつう、それをごく一部の個人の問題ではないと、受け取る。すなわち、その個人が属する社会集団の発言として受け取る。ここには、背景に集団と集団の対立がある。そして集団と集団の争いには、大抵は欺瞞を含むことばが現れる。

たとえば、ソクラテスは、自分一人の「わたし」の問いとして、相手に問いかけても、相手が、いつもそうしているように、その問いを、「共同体」を背景にした「わたしたち」の問いとして受け止めたなら、相手は自分だけへの問いとして、その問いを受け止めない。ことにソクラテスは、アテナイ市民社会の「徳」について、問いただした。それは、問いの中身としては、共同的な徳（国民としての徳）であったから、問いを聞いたものは、自分の共同体に対する挑戦的な問いとして、それを受け止めたに違いない。

しかし、ソクラテスの問いは、彼自身の意図としては、「社会道徳」という「共同的な問題」について、二人で吟味するための問いであり、「一対一」でこそ可能な、お互いが「一人の人間」として取り組むべき「協働の吟味」であったと思われる。これは、提示された科学的真理を、別の一人の科学者が、その真理を提示した科学者の一人とは別に、あらためて吟味することと同様である。そのとき真理を吟味する科学者は、共同体ではなく、一人の個人として共同体に提示された真理を吟味する。ソクラテスが、「わたしたちの徳」について、一人の人間「わたし」の立場で、吟味すること、そして同じことを、別のもう一人に行うことを促すために質問することは、それゆえ、けしておかしなことではない。むしろ科学について同様、理性的に正しいことだろう。じっさい、それは相手が背景にしている集団意識に対する挑みではなく、一緒に「同じ問題」を吟味するために、相手に「協力を求める」問いだからである。

ところが、ソクラテスの相手は、そのように彼の問いを受け取らずに、自分たちの社会に対する果たし状のように、その問いを受け取ったのだと思われる。すなわち、自分たちが共通にもっている「社会道徳」を、まるで根拠のないものとしてソクラテスが葬り去ろうとしていると、受け止めたのだろう。そのため、彼らはソクラテスの論に激しく反発し、ソクラテスの論に怒りを覚えた。しかし、ソクラテスの問いが、問われた側に混乱を引き起こすのは、わたしたちが、現実の「わたし」という主体と、その「わたし」の心のなかで作っている「わたしたち」の区別を、識別していないからである。

そしてこれは、「わたし」が、「他者とは絶対的に異なるもの」として自覚されているかどうか、の問題である。むしろ一般人は、無自覚に、「わたし」は、「みんなと一致していて異ならないもの」だと思い、「みんな」と同じ「わたし」を、精神的な自分の姿として見ている。その精神的な自分とは、「良識をわきまえた人間」という一様な姿である。ソクラテスは、この「一様性」を、「作られたもの」であって、真実ではないと思っている。真実の人間存在は、一人一人の「わたしの存在」だけである。

じっさい、ソクラテスが「国民としての正義」を問うたとき、その問いの内容は、「わたしたちの正義」である。一人一人がもつ「わたしの正義」ではない。「わたしの正義」は、「わたしの理性」自身がもつものであり、「わたしの存在」から切り離せない。他方、「わたしたちの正義」は、じつは社会が組織維持のために「組み立てた正義」であって、「わたしの存在」から切り離すことができる。したがって、「わたし」は、堂々と、社会が任意で組み立てた正義を相手に、その正義はどれほどの根拠（理）があってのものか、いつでも検討することができる。それはちょうど、法律は、会議を通して社会が過去に作ったものだとしても、今また、正しいかどうか、検討できるのと同じである。

それゆえ、ソクラテスの問いは、一般的な「わたしたちの正義」を今、ここに在る「わたしの正義」によって吟味する問いだったと言える。ソクラテスがこの問いを、現実にはじめて他者に対して行ったときのことを、彼自身は、裁判での『弁明』において、ひどく簡略に述べている。しかし、簡略であっても、なされた問いの内容は、これまでの分析が正しいなら、明らかである。

ソクラテスは、彼自身においては、一個人として国家の正義を問い、いくら問うても、国家の正義が確たるものとして見えなかった、という経験を繰り返しもっていた。これが「美徳は、知識ではない」ということの内実である。それゆえ、それについては、彼は無知を自覚していた。そこで同じ問いを、他者がしてみることを促したのである。すなわち、「わたしたちの正義」を、「わたしの正義」によって検討する問いを、自分でしてみることを相手に促した。ソクラテスは、自分が見いださなかったように、他者も「わたしたちの正義」となる「国家の正義」を見いだすことがないことを確かめて、自分の問いの正しさを知った。

とはいえ、相手としては、そのようには受け止めることができずに、怒りを懐くほかなかった。つまり自分は、「わたしたち」の一員としての「わたし」であることを誇りにしていた。つまり正義を掲げる立派な国家の一員であるという誇りをもっていた。ところが、ソクラテスのしつこい問いが、それを壊してしまったと、感じたのである。

このように、ソクラテスの問いをめぐって誤解が生まれやすいのは、わたしが「わたし」（自分自身）を、しばしば、自分が自分の心の中で勝手に思い込んでいる「わたしたち」と混同しているからである。つまり「ことば」を用いている意識のなかで、この二つの主語が、非常にしばしば混同されて考えられている。

2 「わたしの世界」の孤独

じつは科学の世界も、生々しい科学者たちの共同世界であり、「わたしたちの世界」である。しかしそこで「真理」とされているものは、3人称の事象についての真理であるために、複数の科学者（「わたし」）がその個別の知覚経験を通じて、冷静に、真偽をつねに吟味しやすい環境にある。それゆえ、科学の真理は、「わたしたちの真理」のうちでも、比較的に信頼できるものである。とはいえ、それでも絶対ではない。その理由は、たとえ検証が十分であっても、科学的真理は、やはりある時代の人間のうちにある「わたしたちの真理」だからである。過去に真理とされたものが繰り返し上書きされてきたのは、「わたしたち」のもつある性質が「誤り」を生じるからである。

それは、「わたしたち」が「わたし」と混同されやすいこと、「わたし」は、「わたしたち」に対して、ときに根拠のない誇りをもち、それが今、ここにしかない「わたし」の知覚を軽視すること、加えて、「わたしたち」の世界は、支配的力を振るおうとするだれかの「わたしのことば」によって、間違った認識を埋め込まれやすいこと、そして集団力に頼る多数の「わたし」は、その「ことば」を受け入れがちなこと、こうしたことが原因になって、「わたしたちの世界」がもっている「ことば」は、たとえ科学のことばであろうと、しばしば欺瞞性をもつのである。

こうしたことが「わたしたち」の世界を欺瞞に満ちたものにしている原因だとするなら、なかでも問題なのは、多数の「わたし」が、自分の安全のために、集団力に頼りがちになっていることである。なぜなら、それが、他者の発する欺瞞を、ほかの多数の人が進んで受け入れる原因だからである。したがって、欺瞞から離れるためには、それをあらためる努力を、「わたし」のなかでしてみるほかない。言うまでもなく、それは「みんな」の中から「わたし」が抜け出ることを意味する。そしてそれは、「わたし」を孤独にすることである。しかし、「独り」であることは、「わたしの精神」にとって本来だと知れば、むしろ、わたしは「独りのわたし」に帰ることによって、本当の「わたし」の世界を見いだすことができる。

そして「本当のわたし」とは、「正しいわたし」である。なぜなら、正しく「わたし」と言えるものは、本当の「わたし」だからである。そしてその「わたし」は、自分の日常の中で「正しい」ことを知ることができるから、むしろ「わたしたち」の誤りを見つけて、それを正すことができる。なぜなら、どの「わたし」も、生きているかぎり、知覚を繰り返しあらたにもつことができるからである。

3 「わたしの世界」の確実性

わたしたちは、自分がより安全に、より安楽に暮らしていくために、集団の力に寄り頼んでいる。そしてこのために、わたしたちは、「わたし」が「わたし独りである」ことよりも、「わたし」が「わたしたちである」ことを、無自覚に望んでいる。つまり、「わたし」は自分の心の中で、「わたしたち」と一致しようとして、すすんで馴染み、区別できないほどになって、ものごとに対処している。しかし、自分のなかの「わたしたち」は、自分がこれまでの経験から、学習し、勝手に想像している「わたしたち」である。それゆえ、他者が自分の中にもっている「わたしたち」と、それは、完全に同一のものではない。そしてその違いが、ときに個人の間に、大小の「対立」を生む。

なぜなら、どちらの「わたし」も、「人間はだれでも、自分が心の中に懐いている『わたしたち』でなければならない」と、無自覚に思っているからである。すなわち、それぞれが、自分を投影している「わたしたち」を心に懐いていて、その「わたしたち」こそ、人間一般が理想としていなければならない姿であると思っている。したがって、自分の中にある「わたしたち」にそぐわない他者の言動は、「間違っている」、あるいは、「同じ人間のすることではない」としか思えない。この場合、両者は、対立した感情を懐かざるを得ない。

あるいは、対立にならず、その「違う」ことが、たんに「興味を引くこと」や「興味を失うこと」の範囲に収まることもある。しかも、二人がどこかでお互いに一歩引いた付き合いができれば、その違いは、むしろ自分の世界を「面白い」「かけがえのない」ものにしてくれる。こうしたことは、異性の間でも、同性の友人の間でも、しばしば起こることである。

「わたし」が、心の中で「わたし」を、心の中に懐いた「わたしたち」と混同しがちであることは、そのように、両者の間に必ずしも対立を生ずるものではない。しかし、ときには、やはり対立に発展する。対立するか対立しないか、いずれであるかは、両者のさまざまな立場、条件によるだろう。しかし、混同しなければ、対立することは避けられる。なぜなら、自分が心に懐いている「わたしたち」が、自分の「思い込み」に過ぎないと「自覚できている」なら、他者の言動がそれにそぐわないと思っても、それはその人間の「わたしたち」が、自分の知らない「わたしたち」であるからだと、正しく判断できるからである。ここで心に生じるのは、相手の心にある「わたしたち」は、どういうものか、という興味か、それとも、相手の「わたしたち」に興味が持てないか、どちらかでしかない。いずれの場合も、対立には発展しない。

それゆえ、誤解による対立は避けたほうがいいのであるから、わたしたちは、「わたしの世界」が、「わたしたちの世界」から区別されて、どのようなものであるか、見ておく必要がある。じっさい、「わたしたちの世界」は、その「わたしの世界」の中で、むしろ無自覚に作り出されている。しかしまた、「わたしの世界」を知らずに「わたしたちの世界」を探究することは、始原を知らずに、そこから偶然に、無数に生み出される想像物を追いかけて、力尽きるだけの探求になる。それゆえ、探究をむだにしないためには、わたしたちは「わたしたちの世界」の真実を探求するより、その陰に隠されている「わたしの世界」を、あらかじめ探究しておくべきなのである。

わたしたちが、「わたしたちの世界」のほうを先に知りたがるのは、むしろ「わたしたちの世界」が、現実にわたしたちの暮らしを守っている「共同世界」だからである。それは「わたしの世界」と比べて、ずっと広くて立派なものに見える。じっさい、わたしたちのみなが、科学の共同世界が獲得する「共同的真理」に心を動かされ、企業、政府、教会、その他の集団組織が発揮する力、その活躍を知って、一人ではもつことのできない希望をもち、誇りをもつ。それが「わたしたち」の生活である。それゆえ、哲学の分析で「わたしたちの世界」の秘密を探るほうが、社会の片隅に居て目に止まることもない「わたしの世界」を探るよりも、はるかに価値のあることに思われている。

しかし、組織に守られて暮らしている「わたし」に植え付けられた「組織至上主義」とも言えるこの思いは、真実を見いだす思いではない。むしろ人間社会の集団性が個人の心に求める帰属欲求に支えられて「作られた」思いに過ぎない。つまり「わたしたち」と呼ばれるものは、各人の「わたし」の中の「想像物」(思い)としてしか存在しない。それに対して、「わたし」は、確実に具体的に存在している。したがって、「わたしたち」のうちには「真実」を見いだすことはできないと知るべきである。見いだすものは、真実らしく想像されたものだけである。それに対して、「わたし」は確実に実在するのであるから、そこには、正しく「真実」を見いだすことができる。

4 「わたしの世界」の見つけ方

わたしは第1章の最後のところで、「わたしの世界」は、科学が探究する「3人称の世界」に対して、ちょうど球体が平面に乗っているようなものであるという絵を描いた。読者には、この絵柄は奇妙に思えたかもしれない。複雑な人間世界を幾何学的な図形で表現するのは、人間世界を平板化することではないかと疑われたかもしれない。しかし、幾何学がもつ論理は、異なる次元の間にある関係を、単純化して理解させてくれる力がある。じっさい、1人称、2人称の世界と、3人称の世界を、球体と平面で表すことは、家庭人と会社人間が見ている世界がまったくの異次元の世界であることを、わたしたちに明らかにしてくれる。

たしかに、幾何学的には、球体は3次元空間のうちに在ると見られ、それに対して平面は、2次元の広がりである。わたしが、時空間のうちにあると見られている3人称の世界を「2次元」と見なしたのは、複数次元と見られている「空間」を「一つの次元」と見なしたからである。それと「時間」という、「もう一つの次元」を合わせて、わたしは3人称の世界を、あえて「2次元」と見なした。これに対して、「わたしの世界」を、わたしが3次元の球体の世界と見る理由は、それが3人称の世界とは「異次元にある」ことを示すために過ぎない。

その球体は、平面に接地している。その接触は、「点」である。それが「線の内」にあると見るとき、点は1次元のなかに在るが、「線の外」だとすれば、点が存在するのはゼロ次元で、接触点は次元（広がり）の数のうちに入らない。

このことは、球体が、平面側からは、見えても「一瞬」であるか、「まったく見えない」ことを告げている。なぜなら、「点」は、1次元のうちの一点に過ぎないか、ゼロ次元だからである。ところで、ここでの設定では、平面は3人称の世界を表し、その世界は、時空間性によって測られるものである。それゆえ、「点」とは、時間の中の「今」か、時間のない「今」である。あるいは、空間の中で空間的広がりをもたない「点」か、空間性のない「無」である。球体が平面に対しての「わたしの世界」であるなら、「わたしの世界」は、科学の世界から見て、言い換えると、客観的に見て、ほとんど「無い」に等しい。

科学の世界から見て「無」であるなら、その世界は、3人称の「ことば」のうちに存在しないことを意味している。したがって、会社や、国家や、教会が、3人称の存在と見られるなら、そこに「わたし」は居ない。そこに居る人間は、3人称の「彼」や「彼女」だけである。「わたし」の存在意義は無である。

つまり本当の「わたし」個人、人間としての「わたし」は、3人称の世界、客体世界には、居ない。したがって、論理的に見ると、社会組織のなかで存在が主張される「わたし」(公共の「わたし」)は、本当は「わたし」自身ではなく、客観的に対象化され、3人称で言われる「わたし」である。つまり実体ではなく、社会の属性としての「わたし」である。会社の従業員であり、国民であり、組織の会員(メンバー)の一人に過ぎない。

一方、社会は3人称の「ことば」のうちに扱われるが、実体としては、「1人称複数」(わたしたち)の存在である。しかし、社会が1人称複数の実体として研究されるのは、専門の科学においてのみである。ふだんは、社会は、堂々とした3人称の存在である。それゆえ、社会で一定の役割を自認している「わたし」は、実体ではなく、3人称で扱われる「社会の属性」であり、科学の世界(時空条件などで計測される世界)においては、さらに、「事物の属性」である。

他方、「わたし」の世界は、1人称単数の「ことば」に明らかに存在する。むしろ1人称的には、この「わたしの世界」こそ、真実に存在するすべてである。社会は存在しない。

では、2人称単数「あなた」の世界では、「わたし」の実体は、実体なのか属性なのか。

すでに述べてきたように、わたしたちは「わたし」のなかに、1人称複数の世界と、3人称の世界を、「ことば」のうちにもっている。つまり「わたしたち」（社会）の世界と、人間が科学の対象としてもつ「客体世界」をもっている。そして、「わたし」と「わたしたち」は、しばしば混同されている。そのために、わたしたちは社会のなかでの役割に「自己の存在意義」を見いだして、（じっさいにはそれは「社会の属性」に過ぎないのだが）、それを「わたしの実体」と勘違いする。そして、自分の社会的属性が見つからなければ、わたしは、「わたし」のなかの「わたしたちの世界」の中で、自己の存在意義をまったく見失って、挫折を味わう。

あるいはまた、人はときに、科学的に自己の存在を理解しようと努力する。つまり自分の心理状態を「わたし」の実体と見て、専門家に尋ねる。しかし、どれも「わたし」の実体ではなく、「属性」に過ぎない。なぜなら、科学にはさまざまな尺度（複数次元と各次元の目盛り）があり、尺度の取り方によって、科学の世界には「様々なわたし」が出現するからである。そしてまさしく、一般的に言って、属性は、実体と関連する「さまざまなもの」である。ちょうど、アリストテレスが、実体と関連する偶性範疇として九つ数え上げているように。

したがって、「わたしの世界」は、1人称複数からも、3人称からも、その実体を記述することができない。つまり属性のみが、さまざま云々される。いつの時代でも、人は、世間で「いろいろ」に言われる存在なのである。

さて、2人称単数においては、1人称単数の世界は記述できるのだろうか。

これは、「わたし」とは別の、もう一人の「わたし」から「わたし」を見る目を理解することに等しい。

5 「わたし」の世界の視点

「わたし」が「わたしの世界」を見る目が「わたし」に過ぎないのなら、その目に見える世界は、全くの主観世界である。そのような世界は、一個の「わたし」のみに支えられてある。その一個の「わたし」は、3人称の世界（の視点）では、偶然に存在するものに過ぎない。またその視点はつねに一方向からのものでしかない。なぜなら、すでに述べたように、それは何らかの実体の属性に過ぎないからである。したがって、客観性も必然性もなく、いかなる普遍的真理も見いだすことはできない。

したがって、このことから考えると、「わたし」の主観世界を客観的真理として見いだすためには、他者の世界にもとづく他者の視点が必要なのではないか。

このような疑念が、一般的だろう。

迷路にはまらないために、もっとも大きな論理の枠から、わたしたちが前にしているものを見直すことにしよう。

さて、哲学の世界は、理性の世界であり、それは「ことば」（ロゴス）の世界である。動詞的に言えば「語られる」世界である。具体的に何が語られるか、と言えば、「まだ語られていないもの」が、である。つまり「いまだ語られていないもの」が、あらたに「語られる」のである。そして「語られたもの」は、「ことば」であるから、それは「理性の世界」である。外の、「いまだ語れていないもの」は、理性の外にあるから、理性の目には映っていない。ただ、つねにあらたなものが「気づかれ」、入口を通って、理性の世界に入ってくる。

この記述において、わたしたちは「外の世界」を設定している。しかし、それは「気づかれていない世界」の設定に過ぎない。それは、「在る」と「言う」（ことばにする）ことはできない。したがって、それは理性にとっては、「無」に等しい。3人称の宇宙において言われているものを例にすれば、情報が入ってこないブラックホールの底のようなものである。特異点が在るというところまでは、科学で何かが「言える」としても、その向こうが「在る」のか「無い」のか、観察できない。したがって、「観察される事実にもとづく科学」の枠組みからすれば、ブラックホールの底は「無」であるし、科学者の想像のなかでのみ、「在る」と「言える」何かである。

ヨーロッパのロゴスにおいては、主語となるもの、すなわち、「語られるもの」は、1人称と2人称と3人称、その単複両形である。そのうち3人称で語られるものは、単数でも、複数でも、「語られる対象」である。すなわち、生命による主体性（自分から動く自動性）をもつかどうかについて無関係（無差別）に扱われるものが、「対象」と言われる。あるいは、人間のもつ主体性から切り離され、抽象化されたものとして扱われるものが、「対象」と言われる。すなわち、3人称で語られるものは、「対象的」に語られるものであり、「客観的」に語られる。そしてそれは、「事物」と一般に言われているもの、あるいは、「事物のごとく」扱われるものである。

さて、科学者は、「3人称で語られるもの」を扱うが、それを「語る」ものは、実際には「科学者集団」である。それは、1人称複数である。つまり科学者の「わたしたち」が科学的真理（共同の真理）を語る。それゆえ、科学者が語る科学的真理は、「わたしたちの世界」を構成する「ことば」である。ところが、「わたしたちの世界」は、複数の「わたし」が「共同のことばで構想している世界」であって、現実の具体的世界ではない。

その意味で、科学の世界も「わたしの世界」の中の「想像世界」である。しかし、科学の世界は、複数次元の尺度をもつ「対象世界」であるから、各個人の「わたし」によって、対象とするものを同定することが可能な世界である。つまり同じものをとらえた状態で、科学者たちは、各人でそれぞれの仕方で研究できる。それゆえ、その真理の吟味は、比較的容易に正確に行われる。

　これに対して、同じく「わたしたちの世界」であっても、事物扱いできない対象、主体性をともなうものが対象である世界は、真理として語られたものの同定が複数の「わたし」の間で困難である。なぜなら、そのようなものは、「わたし」との関係で利害関係が生じるからである。この場合、利害関係というのは、経済関係だけではなく、単純な好悪を含む。つまりそれを好むか、嫌悪するかである。じっさい、相手がたとえ事物であっても、人は好みの対象を「友人」のように、あるいは、あふれるほどの欲求をもって求める「恋人」のように、扱うこともある。つまりそのような場合、3人称的には同じものでも、各人の心に映じたものが異なる。このような世界では、人々の間で対象の同定は困難になる。つまり複数の間で話し合っているものが、それぞれ異なって「考えているもの」、言い換えれば、それぞれ異なって「心の中で語られているもの」となりがちである。

　じっさい、わたしたちは、あまり意識することなく、自分のなかで「ことば」を語っている。つまり「考えている」。この活動は、いわば自分との会話である。この会話は、特に自己批判的になるのでなければ、スムーズに自分の中に「わたしたちの世界」を構成する。そしてわたしたちは自分の中にもった「わたしたちの世界」に納得する。そこに生まれた世界は、自己肯定の世界である。つまり自分の好悪を正しいと認める世界である。そして人はこの世界をもつことによって、自己の正当性を信じて活動する。

ところが、その世界は、人によって異なる「勝手な世界」である。人はこの世界に基づいて事の良し悪しを判断して生きている。それゆえ、さまざまに他者と対立する。とはいえ、その世界も当人が社会に通じている「共同のことば」によって考えた世界であるから、自分の考える世界について自覚的でありさえすれば、対立した考え（思想世界）の間で、対話が可能である。

それゆえ、じつは科学を含め、「わたしたちの世界」があるとき、各自が対象としてとらえているものが、確実にとらえられるためには、「定義」が必要になる。つまり確実に「ことばに沿って考えること」（理性的に考えること）が必要になる。アリストテレスは、その作品中でソクラテスを、「定義」を考えた最初の哲学者と紹介している。[1] ソクラテスと同時代に生きたクセノフォンも、ソクラテスはつねに定義を示したことを伝えている。[2] そしてそれは、ソクラテスが、「わたしたちの世界」を、つねに正確に吟味する人であったことを如実に語っている。

すなわち、ソクラテスは、「わたし」と、その「わたし」が考えた「わたしたち」を混同していない。なぜなら、「自分のもつことば」で、「わたしたち」の何かを規定することは、「わたしたちの世界」に属するものを、自分の好悪や利害から切り離して、それ自体で「理性的に」とらえることができなければ、けしてできないことだからである。したがってソクラテスは、ものごとの定義を示すことによって「わたしたちの世界」を「理性（ことば）の世界」に現出させた最初の人であり、その意味で「最初の哲学者」なのである。

たとえば、ある政治家を「すばらしい政治家だ、自分は彼を尊敬している。彼の政治はじつにすばらしい」と言って回る人は、「わたし」がもっている好悪や利害の関係からしか「わたしたちの世界」を見ることのできない人であって、「理性の人」ではない。他方、その政治家の仕事を見直して、「わたしが考えるに、かれの経済関係のかじ取り、諸外国との関係のかじ取りは、経済においては人々の生活の必要と供給のバランスを見事に合わせるように人々を導き、けして過剰とならないように、人々の生活を精神面でも豊かなものにしているし、他国との協調においても見事な手腕を発揮して、諸外国からは尊敬を得るばかりで、我が国に対して軍事的挑発に出ようとする国家を生じさせないようにしている」と、それが「わたし独りの考えである」ことを自覚したうえで言える人は、たしかに「理性の人」だろう。

さて、以上で、わたしたちがもつ理性の世界が明らかになったなら、２人称単数の世界は、１人称単数の世界にとって、なんであるか。

なぜなら、１人称複数の世界は、１人称単数の世界のうちに作りだされる世界であり、またそうである以上、１人称単数の世界（知覚される世界）によって匡正できる世界でなければならない。それに対して２人称単数の世界は、手前の１人称単数の世界から独立したものであり、それ自体が１人称単数の世界であるから、二つの１人称単数の世界は、まったく同等に独立した主体である。幾何学的描写としては、独立した二つの球体であって、互いに接するのは、つねに一点でしかない。したがって、いずれの主体も、相手の主体に対して、それぞれの世界がもつ「わたしたちの世界」を何らか変容させることが、両者に共通な言語を通じて可能であるが、「ことば」、すなわち、「理性のはたらき」としては、できることはそれだけである。ここには説得があっても、それ以上のものはない。

また、相手がもつ「わたしたちの世界」の変容は、共通の言語という「共同体のことば」によって行われる。この点において、「ことば」は「共同性」をもっている。しかし、その「ことば」の「連なり」の仕方（文の形成）は、「わたしがもつ世界」に属する個人的なものである。なぜなら、それは「わたし」の思考において、「わたしたちの世界」を構成している「ことば」の特殊の「連なり」（文）だからである。じっさい、その「連なり」までも共通なら、複数の「わたしの理性」がそれぞれにもつ「わたしたちの世界」は、また全く共通で、同一のものと言えるはずである。しかし、事実としては、それが各人で異なるから、共通な世界に関して「対立」、「すれ違い」が生じるのである。それゆえ、各人の「わたし」がもつ「わたしたちの世界」は、それぞれ「わたしのことば」がもつ「連なり」（文）の異なりに応じて、異なっている。

それゆえ、「わたし」が、「あなた」に向けて語る「ことば」は、その単語や文法において両者に共通のものであるが、同時に、「わたし」の個人的な連なり（文）をもったものである。ところで、「理性」を構成しているものは、共通な「文法」や「単語」ではなく、単語を連ねた「文」である。なぜなら、理性は「判断」のはたらきに現れるものであるが、判断は、「文」、すなわち、「命題」において現れるからである。それゆえ、もしも「わたし」が語る「ことば」が、「あなた」の理性が構成する「わたしたちの世界」を吟味する、あるいは、匡正するとしたら、「わたし」の「ことば」は、「あなた」の「ことば」とは異なっており、その違いは、「わたし」の「ことば」の「特殊な連なり」にある。それは、「あなた」と「わたし」の間で共通ではなく、その特殊性によって異なっている。

それゆえ、この場合の「ことば」（ロゴス）は、人々の間で共通な文法や単語ではなく、「わたし」が組み立てた特殊な命題（文）を意味している。なおかつ、それは異なって個人的（特殊的）なのであるから、単純に「共同的」ではないし「社会的」であるとは言い難い。したがって、ソクラテスが高名な政治家などに厳しい問いを発したとき、その「ことば」は、相手と同様の社会的、すなわち、共同的「ことば」ではなく、相手のことばとは異なる個人的な「ことば」であり、個人的であればこそ、相手が心にもつ「政治的世界」（当人が自分の町について考えている政治的状況）という「共同世界」に対して、変容を迫る「ことば」になったのである。

6　科学世界の変革を起こす私的性格

個人的な「ことば」の連なりが「わたしたち」の共同世界の変容を引き起こすことについては、科学の歴史がもっともよく明らかにしてくれる。すなわち、近代のはじめ、その頃まだ人々の目に映る月をはじめとした天体は、アリストテレスの権威によって、あるいは、当時の一般人のもつ星空の印象によって、あるいは、キリスト教会の説話によって、現代とは別様であった。すなわち、人々の心の目に映った月は、ごつごつとした土の塊ではなく、輝く宝石の塊であった。星を散りばめた天上は、それほど遠くに在るものではなかった。そして地球は宇宙の中心に在った。

その時代に、ガリレオ・ガリレイは、望遠鏡を手に入れて天体を観測し、その個人的観察経験をもとにして推論を組み立て、それによって得られた結論を著作に書いて発表した。こうして彼個人が著作した「ことば」の数々が、当時の「天文科学の共同世界」を大きく変容させた。そして同様なことは、その後の宇宙に関する法則の書き換えにおいても繰り返しなされてきたことは、周知の事実である。

それゆえ、「私的な経験」が、人々がもつ「共通の世界」をつねに吟味し、修正する権利をもっていることは明らかである。たしかに、同時に、科学においても、個人によって提出された理論は、他者によって吟味されることを通じて、「共同の真理」として受け入れられ、また反対に拒否される。それゆえ、他者における「共通世界」によって、「私的な経験」にもとづく理論のほうが、吟味され、修正される権利も、他方である。それゆえ、「私的経験世界」と「社会に共通する世界」、すなわち、「わたしがもつ世界」と「わたしたちがもつ世界」は、同等に、吟味し合う関係をもつことが、正確に理解されなければならない。

すでに確認されたように、「わたし」のなかで、「わたしたちの世界」が、「わたしの知覚経験」にもとづく「わたしの理性」において、独自に構成される。そして「わたし」は、その「わたし」たちの世界」に「わたし」自身を見ている。それゆえ、「わたしの理性」は、じつはその「わたし」のなかの「わたしたちの世界」であり、他者から日々聞いている他者の「わたしたちの世界」によって、無意識のうちにも自分のもつ「わたしたちの世界」は、修正され、それらは混同されて、「わたし自身の独特の知覚世界」は、ときに、周囲の社会がもつさまざまな「わたしたちの世界」において見失われる。

とはいえ、いずれの「わたしたちの世界」であれ、それはだれかの「わたし」という実体の属性であり、そのときどきに、「わたしのもの」として主張される本質的属性である。それゆえ、「わたし」を正確に取り戻すためには、自分がもつ「わたしたちの世界」の在り様が、他者から聞く「わたしたちの世界」の在り様とは異なることを見いだし、自分がもつ「わたしたちの世界」を、日々あらたにされる「わたしの知覚」によって吟味することが重要になる。

なぜなら、自分がもつ「わたしたちの世界」の正当性は、「わたしの知覚経験」という「わたし」に「独自なもの」と、一般理性を説得する力を持つ「推理」という「共通性」の総合にもとづくからである。「わたしの知覚経験」は、「わたし」という主体が、「今ここ」でのみもつ経験であるゆえに、ほかのだれももたない知覚経験であることが保証されている。言うまでもなく、また、知覚経験と推論の総合を成し遂げるのは、「わたしの理性」である。そのことによって、「わたし」は自分がもつ「わたしたちの世界」を、ほかのだれのものでもない「わたしの理性世界」として認識し、「わたしのもの」として他者に主張することができる。それゆえにまた、それは個人の特殊な個性的発言（個人名をもつ発言）となる。

言うまでもなく、「わたしの知覚経験」は、「わたし」が「人間」のうちの一人であるという限定性の範囲内でもちうる経験である。「わたし」は、「犬」の経験を持つことはできない。しかし、それと同じくらい、「わたし」は「わたし」であって、同じ人間でも、「あなた」ではないから、「わたし」の経験しかもつことはできず、「あなた」の経験をもつことはできない。「わたし」のなかで、「あなた」の経験を、ただ想像することができるだけである。

しかしその想像は、「わたし」のなかの「わたしたちの世界」における想像であるから、勝手なものになりがちである。なぜなら、自分がもつ「わたしたちの世界」には、感覚的なものが、理性の直観である知覚経験と混同されて影響するからである。不断に理性の吟味がなされなければ、自分がもつ「わたしたちの世界」は、「わたしの理性がわたしの知覚を通じてもつ世界」として正確に保持されない。ソクラテスが不断の吟味を人々に求めたのは、それゆえ、理由があったのである。

7 他者の「ことば」(ロゴス)

わたしたちは、本を通してか、通信を通してか、テレビ、新聞を通してか、面と向かってか、さまざまに他者の「ことば」を聞いている。それらは、他者の「わたしたちの世界」の断片である。それ自体は、「ことば」のうちにあるかぎり「理性」である。しかし、同時に、他者の存在を映す像が自分の前にあれば、視覚や聴覚を通して、他者の声のトーンや面相、身体的態度、風情、等々は、感覚的なことがらのままに、感受される。それは「わたし」の理性(推測・理由づけ)を通して、あるいは、何らかの記憶を通して、「わたし」において好悪の感情を引き起こす。その感情は、同じ「わたしの理性のはたらき」を曇らせることができる。

わたしたちは、自然の風景のなかで、自然物を知覚する。その知覚は、わたしがすでにもっていた「わたしたちの世界」によって解釈され、わたしの「わたしたちの世界」を補強したり、一部、修正したりすることに役立てられる。たとえば、以前に見たり聞いたり読んだ「絶景」の描写や、写真などと比べて、自分が同じ場所の風景の前に立っている経験は、その場の空気や匂いを通じて、あるいは光を通じて、特別な自分の経験として「あらためて」記憶に印象付けられる。そしてこのような場面でも、わたしがもつ感覚や欲求は、知覚経験に対する理性による解釈に影響を与える。

したがって、わたしたちが「わたしたちの世界」を「理性的世界」として構成するためには、「ことば」の意味にこだわらなければならない。それを個々人の感覚から切り離して、「ことばの世界」として自立させなければならない。ことに政治的状況とか、社会的状況の判断となれば、「ことば」抜きにその情景が心のうちに描かれることはない。それを十分に正確に一定のものとするためには、「語られているもの」について、他者との間でことばを一定の「共通なもの」とする「定義」が必要になる。そしてこの「定義」によって、「わたしたちの『ことば』の世界」は、科学が対象にしている「3人称の世界」の様相をもつことができる。なぜなら、語られる対象の「定義」があれば、複数の「わたし」によって対象を同定することができるので、その真理性を吟味することができるからである。哲学が「学問的様相」をもつことができるのは、このことにおいてである。ただし、哲学が対象にしている世界は、定義を通じて3人称の世界に類似のものとなるが、それでも「わたし」という主体の1人称の世界を基底とした「わたしたちの世界」であることは変わらない。

すなわち、哲学が目指しているものは、「わたし」がもつ「わたしたちの世界」を正確に、また確実に「理性の世界」となるように吟味して、それを保持することである。この吟味にかかわって、他者のことばは、どのような力をもつのか。なぜなら、「他者のことば」は、「他者のわたし」がもつ「わたしたちの世界」から生まれる「ことば」だからである。他者のことばが「わたしの理性がもつ世界」に対して力をもつのは、いずれも「わたし」という主体の「ことば」であるために、「他者のことば」が、「わたしのことば」と、同等の理性の資格をもつからである。「わたしの理性の世界」にとって、「わたしのことば」は、まさにそれ自身である。他者のことばが、それと同等であるなら、他者のことばも、「わたし」がもつ「わたしたちの世界」を、匡正し、再構成する資格をもつ。

言うまでもなく、いずれの「ことば」であれ、いずれかの「わたしの理性」によって知覚されたものである。そしてその知覚が「ことば」に成るとき、その「ことば」を通して各自の理性による「抽象化」、「概念化」が起こる。なぜなら、「ことば」と成るときとは、その知覚が社会に通じるものと成るときだからである。つまり「ことば」による「抽象化」ないし「概念化」は、自分の知覚が社会に通じる「かたち」と成るように、各自の理性が知覚経験を「構成する」ことである。

したがって、知覚は、それ自体では「正しい」ものであったとしても、この概念化の段階で、ゆがめられる可能性をもっている。あるいは、理性が誤る可能性をもっている。それゆえ、誤りは、推理（考える）段階に入る前に、生じる可能性がある。それゆえまた、理性は、いずれの誤りについても、推論を通じて吟味しなければならない。そして真であると納得されるなら、その由来がだれかということも含めて、「わたし」がもつ「わたしたちの世界」の一片が正しい仕方ででき上がる。そしてそれが他者に向かって語られるとき、それは「わたしの語り」であり、個人的に特殊な「語り」であるが、一方で、その「語り」は、理性の共通性をそなえるものであるから、他者に通じる「語り」であることが認められる。すなわち、そこには、人間社会がもつ「共通的世界」がある。

8 「わたし」の「無」

「ことば」自体は、他者に「通じるもの」でなければならない。そのことを基底として、「ことば」によって生じる「理性のはたらき」は、複数の者の間で共通性をもっている。ところが、それを発する「わたし」は、「個別の主体」という「実体」である。それは対象化されない。対象化を免れて、対象化するはたらきのたびごとに、その背後に後退する。しかも「個別である」ことが実体であるから、共通性でとらえることはできない。すなわち、根源的に主体であることと、個別であることによって、「わたし」自体は、「わたしの理性（ことば）」によって「一定の対象」としてとらえられないものである。

したがって、その「実体」は、ただ直接の知覚において、「その存在」がとらえられても、「ことば」による「定義」を求める「理性（概念）」認識」においては、「無」である。それを「何かである」と語ることは、偽りを語ることである。それはいわばブラックホールの特異点の彼方にあるように、概念認識としては「無い」ものである。とらえ、獲得しようとすることは、非理性的な挑みに過ぎない。つまり真ではなく、偽である。正ではなく、不正である。それゆえ、それは「無」のままに置かなければならない。「わたし」の「わたし」も、「あなた」の「わたし」も、概念を指す「ことば」で語ろうとすれば、同等に「無」であり、また、生きるのものすべてにある「わたし」は、同等に「無」である。なぜなら、「無」には優劣が存在しえないからである。したがって、「馬」の「わたし」も、ゴキブリの「わたし」も、人間の「わたし」も、その主体の相互に普遍的な優劣はない。

そして人間である「わたし」は、「わたしの知覚経験」を端緒として「わたしのもつ理性世界」としての「わたしたちの世界」を構成する。そして「わたし」は、「わたしのもつ理性世界」を1人称で語る。それゆえ、まさに固有の意味で、「1人称で語られる世界」こそが「わたしのもつ理性世界」であるから、その世界がどのようなものか、これまで検討され明らかになったことを根拠にしつつ、記述しなければならない。

9 「わたし」による世界の知覚

「わたし」が一個の理性として「存在し始める」のは、「ことば」によって自分が知覚したことを、自分が知覚したこととして「文章化し始める」ときである。その手前で知覚内容を一個の名前で呼ぶことがある。つまり「ことば」を用いた心のはたらきがある。たとえば、幼児は、ある方向を指さして「ワンワン」と言うときがある。それを見た親は、「ワンワンが居るね」と教える。親は子の成長を知って喜ぶだろう。発声されたことばは、正式な形には至っていなくても、「ワンワンが居る」は、「犬が居る」という一文（判断）が心のうちに成り立っていることを示している。

しかし、この段階にある「理性」（判断）は、他者から教え込まれた「共通理性」である。なぜなら、このようなフレーズは、親が子に「ことば」を教え込むときに使われるフレーズであり、それは幼児自身が構成したフレーズではないからである。幼児はそのことばを繰り返して、親の反応を見て、「ことば」の使い方を学ぶ。そして、さらに、ほかの人から「そうか、君は犬を見たんだね」と教えられて、「君」と呼ばれた「わたしが見た」という「ことば」を教えられる。こうして他者と自分との区別を見いだして、「わたしは、犬が居るのを見つけた」へと、移行する。このときはじめて、心のうちに「わたし」の「個別的理性世界」が成立する。

以上の説明は、発達心理学の説明ではない。なぜなら、「ことば」のはたらきによる説明だからである。心理学は、事物的説明をする。たとえば「ある年齢で自我が成立する」と言う。それは、おもに身体の成長と行動の成長、それから感覚を交えた心の発達段階として在ると、説明する。つまり感覚と理性の区別なしに、「自我」が成立すると説明する。それに対して哲学は、もっぱら「ことば」において「自我」の成立を見る。つまり一人称の文が作られるとき、そのかぎり、理性において「自我」が見いだされる。なぜなら、「わたし」という「ことば」が、そのとき、そこにあるからである。

注意してほしいのは、「個別的理性」の存在は、そのはたらきが在る間だけであって、そのはたらきが無いときは、存在しない。つまり発達心理学では、「自我」は、いったん時空間に誕生したあかつきには、以降、一定期間ずっと存続すると説明するが、哲学では、自我の成立は一人称の「ことば」による認識があるかぎりであって、個人の成長段階ではなく、個人がどの段階に在ろうと、それが無いときには、在るとは言われない。なぜなら、理性の「はたらき」が、すなわち、理性の「存在」だからである。つまり、そのはたらきは、つねに「今ここに」あるだけであって、何時から何時まで、とか、どこからどこまで、という属性をもつはたらきではない。

これは「わたしがもつ理性世界」と「3人称の世界」との関係を、球体と一点で接触する平面の関係で述べたことから理解できることである。言うまでもなく、球体は他の球体と接触するときも、一点でのみ接触する。したがって、「わたし」と「あなた」の理性の出合いもまた、つねに、「今ここ」での出合いだけである。

ただし、人間の成長の中で、「わたしは、犬が居るのを見た」という記述が可能となるときから、心は、さまざまな知覚をもとに、「理性のはたらき」をもつことができるようになる。まずは、親に教えられた通りに、自分のもった知覚を語り、そのように「語ること」で、親から共通の理性（社会的理性）を学び取って行く。なぜなら、「語る」ことは、「ことば」が生ずることであり、それは「一定の理性」が生ずることだからである。

そしてまた、ふだんわたしたちは、自分がもっている「わたしたちの世界」は、みんながもっている「みんなの世界」と同じであると、その同一性を信じている。それは、述べられたように、親を通じて子どもの頃から人は社会のことばを学んで、社会がもつ知識を「わたしは知っている」と言うからである。ところが、「自分がもった知覚」から生まれる概念が、たまたま自分が属する「社会」の「理性」が教える理性（概念）とは別のものであったとき、自分のなかの「わたしたちの世界」は、ほかの人の「わたしたちの世界」とは、「異なるもの」であることが意識される。なぜなら、「わたしたちの世界」は、だれのものであれ、その世界の持ち主が、それぞれ「自分の知覚経験」にもとづいて作るものだからである。

しかし、この異なりは、意見の対立として現れることもあれば、現れないこともある。じっさい、それはその内容にもよることだろう。まったくプライベートなことなら、相互に無視されることもあるだろう。たとえば、「片思い」のような場合である。つまり一方の「わたしたちの世界」には、「相手への恋」があるが、他方には、「相手は知り合いだ」ということだけがある。とはいえ、他者の協力が必要なことがらだと、両者の間で対立があらわになって、いずれが正しいか、議論になる。じっさい、政治や道徳（生き方）や家族など、自分たちの生活において協働する必要がある際に、人は対立する。

こうした理性の対立が現れることがらに関して、哲学の課題はまっさきにある。したがって、まだ壮年の頃にソクラテスが悪妻と言われたクサンティッペと「けんか」が絶えなかったのは、家庭生活における両者の対立課題があったからである。他人の口出しが不用であるのは、それがまさに個人的なことだからである。とはいえ、夫婦の間のことだから感覚的な対立だったとは、言い切れない。ソクラテスとクサンティッペの対立は、生き方の対立であり、十分に哲学的な課題の対立だったかもしれない。じっさい、当時は政治への参加ができなかった女性のほうが、より多く個人性をもつことばによって「わたしのもつ理性世界」を構成したに違いないからである。

それゆえ、「わたしがもつ理性世界」を確実に吟味していたソクラテスと、その吟味が十分でないクサンティッペとの間には、かえって理性的に明確な対立があった可能性がある。

ところで、「個別的理性」が存在することを明らかにする記述は、「1人称単数を主語とする記述」である。そしてその世界では、他者との接触は「今ここ」のほかない。そして「今ここ」において、理性のはたらきの「初め」に、「わたしの知覚経験」がある。

「今ここ」の一瞬一瞬のわたしの知覚経験は、わたしの理性が、たとえその身体は生まれ落ちてから何十年たっていようと、初めて「今ここ」の世界に出合うところであり、その世界がどのようなものか、推測もない「とき」である。すなわち、つねに「わたし」は、「今ここ」において初めて世界と接触する。世界の経験も、個別の理性にとっては、つねに一期一会である。

「わたしが生きる」とは、この接触を受け取ることである。そこに未知なるものへの怖れがあるか、それとも、未知なるものへの期待があるか、理性以前の「わたし」に何があるか、それは分からない。じっさいそれは、しいて言えば、神の創造の手でしかないからである。神が「わたし」に何を経験させるか、神が「わたし」に何を見せるか、「わたし」に決定力はない。「わたし」は、「わたし」を生み出し、「わたし」と「世界」を創造する神の創造のままに、それを受け入れるほかない。「在るがままに」、それが、「わたしの知覚経験」である。

ところで、理性の入口である「知覚」が、「わたし」の側で望んで得られるものではないとしたら、どのような知覚が「今ここ」で「わたし」に与えられるか、「わたし」にはけして分からない。そしてそれは、特定のだれかの計画によるものだとは、とうてい決定しがたいものである。しかも、その一瞬一瞬は、物理法則で説明できるものでもない。それゆえ、「わたし」の「知覚体験」は、神が定めた運命だと思うことは、論理の飛躍ではない。

ところで、自分の知覚体験が、「わたし」に「神が与えたもの」であるとしたら、それはかならず「善いもの」である。「わたし」の命も「神が与えたもの」である。だから、それも必ず「善いもの」である。ところで、「わたし」が自身を知覚して考える（反省する）とき、そこには「意識」と呼ばれるものが生じる。わたしが「世界」を直接に知覚して、この知覚のみを頼りに、己のうちにその世界を反省するとき、世界についての「意識」が生じる。したがって、他者のことばに教えられることを抜きにすれば、己の知覚からのみ生じる「意識」は、世界についての意識も、自己意識も、必然的に「善いもの」である。なぜなら、「知覚」という「善いもの」から生じるからである。したがって、そのようにして生まれる「意識」は、「良識」であると言われる。じっさい、おそらく、それゆえに、ギリシア語でもラテン語でも、「意識」と訳される語（ギリシア語で「シュネイデシス」、ラテン語では「コンスキエンティア」）は、「良心」とも「良識」とも訳される。[3]

デカルトが『方法序説』（第1部）の最初に言及している「良識」は、このような由来があるから、彼もそれを「精神」や「理性」と区別せずに論じている。デカルトも、この出発点とおぼしきものにおいては、人々の能力は相等しく、意見の食い違いが生じるのは、その後の途が異なるからだと言っている。

さらに、この世界の記述には、科学が対象を記述するときのような、複数次元の尺度はない。なぜなら、「今ここ」の経験でしかないからである。ところで、複数次元で対象を同定することができなければ、他者と協力して時空間の内で何事かを成すことは、記述されない。また、時間の記述もないのだから、未来の時間に何事かを達成するための共通の理解も成立しない。この時点での「わたしのもつ世界」の記述には、「わたしの知覚経験」の記述しかない。それは対象との関係だけで記述が完結する。

第三者の存在に気づくことが「わたしの知覚経験」となっても、それを目的と手段の関係に置くことは、「協働するわたしたちの世界」を構成するためであって、その基礎となる「わたしの知覚経験」の範囲を超えている。それゆえ、一つ一つの「わたしの知覚経験」には、対象を何かの目的として理解する道がない。つまり対象を見て、「わたし」が何かをするための「道具」と見なす認識は、そこにはまだないのである。なぜなら、「道具認識」は、理性が複数の知覚経験をもとにして、「他者との協働」のために、あらたに思考する「工夫」だからである。

そして理性の端緒となる知覚経験が、すでに述べたように、神の創造の手になる直接のものだとすれば、それは「ありがたく」受け取るほかないものである。なぜなら、それは発端にあるものだから。もしもそれが「拒絶すべきもの」、「悪いもの」だとすれば、それは悪魔によるものだろう。そしてそうだとすれば、後のすべては拒絶されるだろう。しかし実際には、この世界を作ったものが悪魔であろうはずはない。それゆえ、「わたし」が世界に接触して知覚経験をもつことは、端的に「善きこと」である。

ところで、「知覚経験をもつ」ことは、理性である「わたし」が、「生きる」ことである。したがって、「わたしが生きる」ことは、「善きこと」である。しかし、「わたし」と世界との接触という端緒が、神の創造の手になるものなら、同じく、「わたし」がこの世界から去る端緒もまた、「善きこと」である。つまり時空的尺度を入れた表現をするなら、「わたし」が生まれてから死ぬまで、「わたし」は、この世界と、つねに「今ここで」接触し、知覚経験をもつ、そのすべてが、「善きこと」である。したがって、人の一生は、それ自体としては、善いものであり、幸福である。

理性の世界に間違い、誤りが起こるとすれば、「今ここ」にのみ起こる知覚経験の受け取りにおいてではなく、そののちの「解釈」（概念化）、そして「判断」においてであることは、以上のことから結論できる。

10 懐疑と「わたし」の自覚

ヨーロッパ哲学の歴史において懐疑主義の歴史は、哲学それ自体の歴史とともにある。おもにプラトンによってそれが伝えられたことは、紀元前四世紀のアリストテレスも、紀元後五世紀のアウグスティヌスも、証言している。懐疑主義は、哲学に敵対するものであるが、同時に、哲学自体がもっている批判精神の「あるかたち」である。それ自体はねじ曲がった批判精神であったとしても、「反論する」ことは、哲学の健全さを保つために一定の役割を果たしてきたことは、哲学の歴史のなかで繰り返し見て取ることができる。

わたしが研究した中世後期のドゥンス・スコトゥスの神学においても、懐疑主義に対抗することで、現代から見れば、近代的科学認識がより精密に吟味され、明らかにされている。じっさい、彼は近代で「帰納法」と言われた科学的推論認識を、自明な命題にもとづく「演繹形式の推論」によって根拠づけている。[4] 近・現代の哲学のみに目を向ける人には、それは現代の科学哲学（たとえばカール・ポパー）の成果として知られているだろうが、じっさいには、すでに中世において主張されていたことなのである。

そしてよく知られているように、デカルトは、懐疑主義が根拠としている感覚認識の欺瞞性を、知の確信となる根拠を見いだすために「方法的に」、すなわち、「意図的に」取り上げた。その末に彼の理性が見いだしたのが、「我思う、ゆえに、我在り」である。

デカルトが見落としているのは、「ことば」をもつ「わたし」が自覚されることに基づいて、「わたしの理性」は、確実に始動しているという事実である。そして理性が発動するなら、感覚は、「ことば」となることによって、理性の端緒となる「知覚」として受け取られる、という事実である。つまり、感覚は「疑わしい」としても、知覚それ自体は「誤り」ではない。なぜなら、それは神の創造の手になるものとしか、言いようがないからである。理性において、知覚にともなって実際に誤りが生じるのは、端緒に続く過程、すなわち、「抽象」・「推論」・「判断」の過程においてである。

それゆえ、「わたし」が自覚されたうえでの観察、実験で得られる認識は、感覚を通したものであっても、理性にとっては、自分の「知覚」であり、自分の「存在」、すなわち、「はたらき」の端緒である。それを否定することは、「理性自身」の否定にしかならない。すなわち、もしも自身の知覚までも疑わしいと見て否定するなら、「我思う」という直接の内的知覚が否定され、「我無し」と言わなければならない。なぜなら、知覚の否定は、理性のはたらきの全面的否定だからである。

じっさい、「我思う」、「しかし我無し」と言うならば、「思う」という「はたらき」が「ある」

と言いつつ、それが「無い」というのは、自己矛盾を冒している。自己矛盾は、端的な誤りである。それゆえ、その「ことば」、すなわち、「我思う、ゆえに、我無し」が、「理性」のはたらき（推理ないし判断）として正しいとは、デカルトも考えなかった。それゆえ、彼は「我思う、ゆえに、我在り」と言ったのである。

したがって、「わたしの知覚」の存在、そのはたらきは、疑うことが当の理性にはできない。それゆえ、「わたしが思う」ということが知覚されるなら、「わたしの理性」は自分に対してと同様に、世界に対しても開かれるのであり、世界の存在も知覚することができる。すなわち、「我思う、ゆえに、我と世界は知覚されて在る」と、言うべきである。そして、知覚は、つねに「正しさの根拠」である。それゆえ、世界が「知覚される通りに存在する」ことは、すでに知覚というはたらきが保証している。デカルトは、世界の存在を知覚していることを信じるためには第三者となる神の誠実さが必要であると考えたが、本当は、その必要はないのである。

それゆえ、デカルトが、世界の知覚の確信へと進むために、誠実な神のはたらきを求めたのは、彼でさえも、彼の中の「わたし」の自覚が、「一般社会が共通にもっている臆見」に対抗できるほど十分ではなかったからだと、言うほかない。すなわち、自分自身を知覚するとは、自分自身の存在を「ことば」にとらえる（英語で言えば「I」と発言する）ことであって、自分を「ことば」にならない感覚でとらえることではない。己をむなしく感じる人は、まだ自分（自己の存在）を知覚していない。その人は同時に、世界の存在についての自分の知覚が、確かな形で成り立っていない。そのために、世界に対して懐疑的になるほかないのである。

じっさい、人は自分に自信がもてないと、それだけ他者に頼るものである。自立できないだけ、他者依存がある。こういうことは、一般的に言えることである。それゆえ、精神の世界においても、自己の自立は、他者依存と反比例する。

それゆえ、「わたし」の自立が十分でない人は、自分の知覚が十分でない人であり、じつは理性のはたらきが十分でない人である。そのような人は、それだけ、他者の理性に依存する。つまり他者の意見に頼ろうとする。言い換えると、社会がもっている臆見に頼りがちになる。デカルトのように、そこから抜け出そうとしても、「わたし」の自覚が十分でなければ、世界をとらえる「わたしの知覚」にも、十分に確信がもてない。なぜなら、「わたし」の自覚が十分でないとき、外界をとらえる感覚は、それだけ理性（ことば）を通した「知覚」に成らず、「わたしの理性」を作ることができないからである。

11 哲学と科学の根拠となる「わたしの知覚」

ところで、個別理性の「わたし」が「存在している」ことは、「わたしが生きている」ことであり、「わたしが見ている」、「わたしが聞いている」、「わたしが考えている」、「わたしが目覚めている」ことである。「見る」、「聞く」は感覚経験ではないかと、疑いが起こるかもしれない。しかし、「わたし」が自覚されるところには理性のはたらきがあり、「ことば」になるところには、理性が生まれている。それゆえ、「我思う、ゆえに、我在り」である。「わたし」を主語とするそれは、端的に、知覚経験であって、感覚経験ではない。

ところがデカルトは、繰り返すが、理性の端緒となるものは、「わたし」についての知覚経験ばかりではなく、その他のものについての知覚経験を含めた知覚経験のすべてであることに気づかなかった。言うまでもなく、「わたしの存在」だけでは、それ以外の存在を含めた「世界の存在」は成り立たない。そのために、彼は「誠実な神」を持ち出さざるを得なくなった。じっさい「わたし」が在るだけなら、それとは別に「世界」があるとは言えない。しかし、デカルトによれば、「神」が在るなら、「世界の存在」も信じられる、ということだ。なぜなら、神も世界も、自分とは別のもの（3人称の世界の事物）だからである。すなわち、デカルトによれば、たとえ神と世界が、存在を確信できる自我とは別のものであるとしても、その一方（神）の存在が信じられるなら、他方（世界）の存在も信じられる、ということなのだろう。

しかし、それなら、世界の存在は、せいぜい神と同様に、「信じられている」だけであって、「知られている」とは言えない。デカルトの「世界の存在証明」は、世界についての諸科学の基盤を哲学で明確にしようとするものであったが、このように、明確な基盤になっていない。なぜなら、諸科学の基盤となる材料（世界）が、神の存在によって確信されるだけなら、世界の存在は、せいぜい神の存在と同じくらいに「信じられている」だけだからである。ところが、「信じる」ことには、「知覚する」ほどの確実な真理はない。知覚は直接の知であるのに対して、信じることは、知ではなく、むしろ心のうちの想像であるか、意志の選択だからである。

それに対して、わたしが見るところ、真実には、わたしたちはあらゆる知覚経験を材料にして、世界の存在を「わたしたちの世界」として、理性のうちに構成している。それゆえ、真実には、「我知覚する、ゆえに、世界在り」である。そして、すでに述べられたことであるが、哲学と諸科学の端緒は、各自のあらたな知覚経験において共通する。

12 「自由意志」と呼ばれる欲求

「わたしは生きて在る」というなかには、「生きる意欲」が一般に読み取られる。前者の一文の中には「わたし」が述べられ、なおかつ、その「はたらき」が述べられているのだから、両者について「理性」（ことば）が成立している。そして「生きる」という「はたらき」が、もしも「欲求」であると解されるのなら、以上のことから、その欲求は「理性的欲求」と解される。そして

「理性的欲求」はヨーロッパ中世からの伝統で、「意志」と呼ばれる。なおかつ、この欲求は、この一文において、「主体性」そのものである「欲求」であり、欲求の対象を特定のものと、あらかじめ選んでいない。それゆえ、それが何か特定のものに「縛られている」、ないし、「制限されている」とは解釈できない。その意味で「自由」である。

ヨーロッパ中世の哲学（神学）では、'voluntas' と記述される「自由意志」は、もともと神だけのものであった。それをドゥンス・スコトゥス（一三〇八年没）が、さらに人間のうちに認めるとき、彼は、人間の「わたし」には、「欲する」か「欲しない」か、二者択一の自由があるから、人間の意志には自由があると主張した。つまり神だけでなく、人間の意志欲求も、理性である「わたし」という主体が自覚されることによって、自己のもつ「欲求」が「わたし」とは区別され（切り離され）、あらためて理性の対象（選択肢）となる。このことによって、「わたし」は対象に向かう「自己の欲求」から「自由である」ことができる。それゆえに、人間の意志は、この条件のもとに、「自由」があると見なされた。

他方、神の意志は、それだけでなく、対象の側からも「自由」である（神自身以外のものに限定されない）。なぜなら、神は、人間が意志の対象としている神以外のすべてを、無から創造しているからである。それゆえ、神は絶対的に自由であると、スコトゥスは言う。

このことは、ヨーロッパ的規準で言えば、人間の「自由」は、主体（主語）が「わたし」であることの自覚抜きには語られないことを意味する。すなわち、たとえ自分の欲求であれ、その欲求をもつのが「わたし」であることが認識され、「わたし」の責任のもとに欲求がもたれることが認識されなければ、「わたし」は「自由意志」の主体であるとは言えない。したがって「わたし」(主語)の居ない「日本語」、言い換えると、日本のロゴスの習慣においては、ヨーロッパ的自由の意味は、正確に理解されない。

とはいえ、わたしたちは今、「ソクラテスのように」考えることによって「ヨーロッパ哲学の基盤」を正確に読み取ろうとしているのだから、日本語の論理で考えることは後回しにしよう。

じっさい、以上のような理性認識が「わたし」の自覚にもとづいて成り立つなら、「わたし」は、理性的欲求とは別に、感覚的(身体的)欲求を自分の中に認めることができる。つまり身体的で自然本性的な欲求が、理性的欲求とは区別されて認められる。

たとえば「わたしが見る」場合、それ以前に受け取った何気ない視覚内容に「わたしの自然本性的欲求」が誘発され、同じものをさらに覗き「見る」欲求となったときは、そこには感覚的な欲求がある。その欲求は意志ではない。ただし、「わたし」が自覚されていながら、その身体的欲求を膨らむままに放置するなら、その欲求はただの「欲望」となり、その欲求の放置は、自由意志にもとづくものだから、「わたしの理性」に責任が求められる。

他方、視覚や嗅覚のはたらきが理性的欲求にもとづくとき、わたしは感覚を通して対象を知覚し、その知覚は、理性のはたらきを通して「わたし」において、「わたしたちの世界」を、言い換えると、「わたしの理性世界」を構成する。なぜなら、知覚を通して、あらたな理解が生じるからである。すなわち、旧の「わたし」がもつ「わたしたちの理性世界」は、あらたな理性のはたらきを通して「わたし」が他者と共有できる「わたしたちの世界」をあらたに構成する。その内容の真偽を確かめるために、「わたし」が対象を観察するとき、その「わたしは見る」は、自由意志にもとづく「見る」である。望遠鏡をのぞくとき、顕微鏡をのぞくとき、本を見直すとき、「わたし」は視覚を通じて「見る」が、その感覚内容は、感覚がとらえていると同時に、「ことば」になることにおいて、理性が行う知覚である。あるいは検証である。そして知覚像に向かうその主体的(積極的)欲求を取り上げるなら、それは理性がもつ「意志」である。

さて、「わたし」のなかで、理性が「わたしたちの世界」を構成するときに材料となる「知覚」が、理性のはたらきのうちで、理性の入口の端緒となること、また、それは知覚対象の種類によらないこと、また、そこに欲求が認められるとすれば、それは「意志」であることが、以上のように明らかにされる。そして「わたし」の知覚によって生まれる「わたしたちの世界」は、1人称の文として「ことば」になっていなければならない。つまり、その文がどんなに複層的で複雑であろうと、「わたし」を主語として、「わたし」を主体とする動詞において、「わたし」の理性がはたらいていることを表す文(命題)となっていなければならない。たとえば「犬が居た」は、まだ理性を主語とする文ではない。しかし、「わたしは、犬が居たのを知っている」となったとき、理性を主語とする文（判断）が成立している。

1 アリストテレス『形而上学』第13巻第4章（ベッカー版1078b）

2 クセノフォン『ソクラテスの思い出』第4巻第5章　彼がその問答のうちでさまざまにことばを明らかにする「事分け」（dialegontas）を行っていたと、伝えている。

3 直訳では「共知」であるが、歴史的には「自己を知る」という意味で用いられた（森本あんり著『不寛容論』新潮選書、二〇二〇年、一八一―一八二頁）。自分を省みて「知る」ときにもつのが「意識」だとすれば翻訳語に誤りはない。ただし、「自分を知る」ということばは、ソクラテスの座右の銘「汝自身を知れ」と関連している点は、注意すべきである。

4 ドゥンス・スコトゥス著『オルディナチオ』第一巻第三区分第四問題。日本語訳と註釈は、八木雄二訳註『存在の一義性』知泉書館、二〇一九年、二九三―三八八頁。

5 じつは「意志」と訳されるラテン語は、もう一つ、liberum arbitrium がある。後者は、通常の人間が対象を客観的に認識したうえでもつ「自分勝手な欲求」を指す。アウグスティヌスはこの意味で「意志」を解釈した。他方、スコトゥスが論じる voluntas は、もっぱら信仰をもつものが神から受け取っている「根源的に善き欲求」である。一般に、人間がもつ「意志」についてのこの解釈の違いが、神学の大きな対立を引き起こす。近代のはじめにプロテスタント神学が生まれた過程で、この対立がカトリック教会を襲ったと見られる。

第4章

ソクラテスの「わたしたちの世界」

1 「ソクラテスのように」考える

わたしが主張していることが、ソクラテスが実際に言っていたことと辻褄が合うかどうか、それを十分に明らかにしておかなければならない。

『弁明』や、『思い出』などに記録されているソクラテスのことばを整理してみると、彼個人の理性は、ほぼつぎのようなものであったと推測される。最後のもの⑨は、①〜⑧までのものからの著者の推論であるが、それ以外のすべてが、ソクラテス個人の1人称のことばであり、彼個人が知覚したことである。

① わたしは、ずっと考えてきたが、「国民として善美であること（正義であること）」が、どういうことか、どうしてもわたしには分からない。ところで、「分かっている」ことは、「知っている」ことである。ならば、わたしはそれを知識（知っていること）としてもっていない、ということだ。すなわち、それについてわたしは無知である。

② わたしは、正義が何であるか分からないが、それでも、正しくありたいと願い、わたしに不正と思えること（悪いこと）は、しないように気を付けている。個人の生活の中で、具体

的に出合う場面のそれぞれについて、不正なことをしないように、よく考えて行動している。すると、わたしは不正なことを避けることができる。

③ 個人的経験を積み重ねていくと、わたしは何が分かって、何が分からないか、分かってきたように思える。言い換えると、自分の中の「理性の存在」が見えてきた。それはさまざまな身体的感覚欲求によって揺らぐことはあるが、気を取り直して「理性をはたらかせてみると」(考えて見ると)、理性は、自分の思い通りにはたらくものだと分かった。むしろ、その思考のはたらきは「わたし」自身であって、「わたし」自身だからこそ「自分の思い通り」なのだ。つまり「思っている」ことが、理性の「わたし」である。また「分からずにいる」のなら、それも理性の「わたし」である。

④ だとすると、「わたし」は、「分かっている存在」と、「分からない存在」の両方の存在だ。そしてその違いは、個人の生活のなかでのみ、わたしに分かる。政治を語る「公的な生活」に入ったとたん、何が善くて、何が悪いか、わたしには、相変わらず「分からない」。ところが政治家は、「これこれが正しい」とか、「これこれが善い」と主張していて、それを多くの人が聞いて、いかにもと、頷いている。彼らは、「分かっている」ように振る舞っている。

⑤ ほかの大勢の人はいざ知らず、わたしは「不正なことはしない自己の存在」に、安心して

生きることができる。このかぎりで「良く生きる」ことができて、わたしは、善き霊（エウ・ダイモニオン）に満たされる思い（幸福）を感じる。これは直接経験されて、わたしとしては、疑いようがない。

⑥友人カイレポンの思いの外の出来事を通じて、デルポイの神託を、わたしは受けた。「わたしより知恵のある者はいない」という神託の内容に疑問があったので、他者に聞いてみると、他者も、じつはわたしと同じように、「国民として善美であること」が分からないでいることが分かった。しかし、だれも、自分が「分からない」でいることを認めようとしない。みなは相変わらず政治を語り、自国の戦争や取り決めについて、何が正しいか、議論して飽くことがない。「分からないでいる」ことが、みな、分からずにいる。わたしは、ほかのみなと違い、「正義が分からない存在」（無知）であることを自覚している。「分からないから分からないと、わたしは思っている」。

⑦わたしは、自分がもつ「知」（無知の自覚）を、他者がもたないことを知った。この違いを教えるために、神は、わたしに神託を与えてくれたのだと推測できた。それゆえ、デルポイの神から受けた仕事として、人間だれしもがもっている「無知」について、神に代わって、それを人々自身に明らかにしようと、日々、できるかぎり問答を仕掛けることにした。

⑧なぜなら、「正義が分からずに居る自分の存在」のうちに「善き霊」（幸福）が宿るのを、

むしろわたしは知覚するからである。神は、当然、わたしと同じ幸福を人々に与えようとしている。それゆえ、神に代わって、わたしは、人を問いただして、己の無知に気づかせなければならない。

⑨ しかしこのことは、「無知を自覚している」ことが、「理性的である」ことであり、そうであろうと努力している「自己の存在」こそが、「神の存在」を知覚していることを意味する。なぜなら、「善き霊」とは、「エウダイモニオン」（善き神に由来するもの）だからである。

以上が、『弁明』を中心としてソクラテスが語っていた彼の人生であり、哲学であると推測される。他方、『弁明』その他を、あらためて整理して、わたしが見つけた真実は、次のことである。

1．「理性」は、個々人に、別々に存在している。したがって、各自の「わたし」はそれぞれ別々である。各自は、他者とは異なる自己を、自覚することができる。ソクラテスも、弁明において彼個人の「無知の自覚」を語るところで、その動詞の活用において1人称単数（「わたしは知らない」）を用いていながら、さらに「わたしは」（「エゴー」）という「ことば」を、わざわざ重ねている（『弁明』21B）。

2．それぞれ各自が「わたしである」ことは、生きているかぎり「変わらない」。したがって、体と球体が「点」でのみ接することに似ている。

もう一人の「わたし」である「あなた」との接触も、「今ここ」においてのみである。それは球

「わたし」とは、「今ここに居るわたし」という絶対的（完全独立した）存在である。したがって、

3．生きているかぎり「わたしである」ことは「変わらない」。そうであるなら、「考えているわたし」は「理性」だから、各自の「理性のはたらき」は、その主体が「変わらない」。すなわち、個人の発言する「ことば」の、その主体は「変わらない」（発言されたことばの主語は不変である）。

4．「ことば」は、つねに（不変的に）他者に「通じるもの」である。それゆえ、それは人間社会の間に「普遍性」をもつ。したがって、「ことば」という「理性の世界」それ自身には、時間性（変化性）がなく、空間性（距離）がない。二千四百年前のソクラテスの「ことば」は、時代と場所を経た現代日本でも、「変わらない」し「同じ」である。すなわち、1人称単数のことばでも、それが時間性・空間性をもたないものであることがもう一つの理由となって、目の前の他者（2人称単数）に通じるかぎり、「普遍性」・「不変性」を主張できる。

5．「今ここに居るわたし」が完全独立しているとすれば、それ自体が他者に通じることはない。しかしわたしの理性を構成している「ことば」は、他者に通じるのでなければならない（モナドに窓はないが、モナドを構成する「ことば」の窓は開け放たれている）。しかし、大衆は社会から欺瞞性を含んだ「ことば」を学び、自分の理性を作ってしまっている。したがって、その分、真実が通

じることはない（ソクラテスのことばが、他者には「空とぼけ」に聞こえる『弁明』38A）。
6. 事物存在としての各自の「理性存在」は、「動いている」（変化している）。自分が経験することは、一瞬一瞬変わるから、「経験」はつねに「新しい」。したがって、第一に「知覚」（新しい経験の気づき）によって、第二に、それを、それぞれ「ことば」で受け止める際の「抽象」（概念化）によって、第三に、それを理解しようと「考えること」（推理）によって、理性は変化している。したがって、理性を正しく動かしていくためには、この三つのはたらきを、つねに、日々、吟味して正しい状態にしていなければならない。
7. すなわち、第一に、偏見をもたずに経験を受け止める「素直な気づき」が必要であり、第二に、気づいたことを「正しくことばにする」言語能力が必要であり、第三に、それを用いて「正しく推理する」論理的能力が必要である。
8. 先走る理性は悪につかまる（『弁明』39B）から、先走らずに、「自分の理性（ことば）」を、さまざまに、日々「吟味する」努力が必要である。この努力こそが「哲学」である。すなわち、哲学は、とくに善美、正義に関連する「ことばの吟味」であって、「知識の追求」ではない。あるいは、永遠に答えの出ない論争ではない。
それゆえ、ソクラテスは、『弁明』において、「知恵を愛し（哲学し）、わたし自身と他の者を吟味しつつ、生きていかなければならない」（28D）ことを、自分は神に命じられたと述べ、「毎日、徳に関してわたしが談論し、ほかのことがらについても、わたしが問答して、わたし自身とほかの人を吟味しているのを、あなたがたは聞いている。それに対して吟味の無い生活は、人間のためとなる（人間にとって善き）生活ではない」（38A）と、述べている。すなわち、牛の歩みで日々の対話が必要だ、ということである。

以上の点で、わたしが人間理性について整理して説明したことは、ソクラテスの言明と一致するので、それを理解する力が、わたしのこれまでの説明にあると言える。とはいえ、もう少しソクラテスの言明に付き添いながら、説明が必要だろう。

2 ソクラテスが起訴された原因

それゆえ、まずは、ソクラテスが『弁明』の冒頭部分で、自分が訴えられた原因について述べている「ことば」を取り上げたい。

ソクラテスは、「みなさんがまだ少年とか若者であった頃から、一般世間にわたしについて間違った噂が流されていた」ことが、「わたしが起訴されたそもそもの原因なのだ」と言っている（18B—C）。

噂というのは、言い換えれば、「社会に行き渡った共通の見解」である。すでに述べたように、それは「ことば」を通じて、各人がもっている「わたしたちの世界」に共通に取り込まれ、各人のうちに「ソクラテスについてのわたしたちの世界」を構成する。そしてわたしたちは、知らず知らずのうちに、それが「自分の生きている本当の世界（周囲）だ」と、信じて（刷り込まれて）生きている。

とくに人間は面白そうなことに興味を懐くから、ソクラテスに関する、奇妙であるが、おかしな噂は、あっと言う間に市民の間で「共通の理解」（共通の理性）を形成してしまったと、見られる。ソクラテスは天体や地下のことどもについて新説を教えているとか、出世した大人たちを議論で負かす巧みな方法を若者に教えているとか、ノミの飛ぶ距離を測っているとか[1]、である。

その噂はいったん形成されると、ソクラテス一人が抗議しても、どうにもならないものになった。なぜなら、それはすでにきわめて多数の人々によって支持されているからである。つまりそれは多数の人々の間に共通の「わたしたちの世界」をすでに作ってしまっている。それを改変できるのは、すでに述べたように、「一人一人の知覚経験」でしかない。それゆえ、ソクラテスは裁判員たちに向かって、「自分が本当はどんなことを問答していたか、実際に問答を見聞きしていた人に、それを各人、隣の人に話してほしい」と言っている（19D）。

しかし、わたしたちは、いったん多数の人々の間で「共通の理解」となったものが「個人の知覚経験」によって改変されることは、実際にはとても時間がかかり、むずかしいことであると知っている。じっさい、ガリレオの『星界からの報告』、『天文対話』等の作品を読んでみれば、中世までの一般人の天体理解を改変するために、彼が、きわめて根気のいる仕事を一人でしたことは明らかである。中世の宇宙観が近代の宇宙観に替わるために、ガリレオは、じつに多くの事実を提供して、長年月にわたって世間を説得する必要があったのである。そしてこれは現代でも同じである。

ソクラテスに関して市民のほとんどがもっていた「共通の理解」は、当時の人々には、面白く、分かりやすいものであった。他方、ソクラテス個人がもっていた「わたしたちの世界」、つまり人生その他についての「ソクラテスがもつ理性的世界」は、分かりやすいものではなかった。そのうえ、それは人々に笑いという楽しみを提供してくれるようなものでもなかった。それはただ、一部の人の理性に、「立派な世界」として映っていただけであった。

したがって、短い時間しか与えられていなかったソクラテスが、自分の見ている世界を十分に説明することができずに裁判で負けるのは当然のことであった。しかし、今は、わたしたちには理解するための時間が比較的長くあるのだから、ソクラテスがもっていた「理性世界」（わたしたちの世界）がどのようなものか、落ち着いて理解する努力をすることは、わたしたちが為すべき仕事だろう。

3 直接知覚にもとづく教育

わたしたちは前章までで、「わたしたちの理性世界」というものは、「わたし」の自覚のもとに、自分が「直接に知覚するすべて」と、それにもとづいた「推論」から生まれる「判断・結論」によって成立するべきものであることを、繰り返し見てきた。多くの人は、「わたし」の自覚が十分でなかったり、自分が「直接に知覚している」ものに無関心であったり、「推論」を他者にまかせたりしているために、自分のなかにある「わたしたちの世界」を、理性的に築くことができずに、周囲の人々からの情報に頼って多くの思い込みに陥っている。

それゆえ、「ソクラテスのことば」を参考にして、「理想的な理性世界」というものが本当はどういうものか、それを見て、反省することにしよう。

まず、自分が直接に知覚しているものについての無関心が、「わたしたちの世界」を理性的なものにするうえで大きな障害になっている。というのもわたしたちは、子どもの頃から、自分が直接に見聞きすることよりも、本に書かれていることや、学校で教えられる科学のほうが、よりすぐれた真理であり、知識であると教え込まれているからである。

ところが、往々にして、身近に見聞きする大人たちの体験談のほうが、本当は、はるかに興味をそそられる。あるいは、具体的な人間像が立ち上がってくるような歴史物語のほうが、学校で教えられる歴史よりも、ずっと興味をそそられるのである。

それに対して、多数に対する公平さを強調して、多数に一様な知識を植え込もうとする学校教育は、身近な知覚に対して無関心になることを子どもたちに教えている。そのために、自分が直接に知覚することから「知識」と言えるものを、自分の力で構成することができない人間が育つ。科学の授業でも、じっさいの実験を子どもたちに見せるにもかかわらず、その自分がもった知覚経験から自分の推理で結果を導くことを、時間をかけて教えようとしない。その結果も意味も、教科書通りに早く憶えることを、学校では一様に教える。

すでに述べたように、ソクラテスは一対一の問答において、自分が直接に知覚している身近なことがらに目を向けて、自分が考えることを促す。なぜなら、哲学にしても科学にしても、真理の源泉は、自分が知覚することと、それにもとづいて自分が考えることにあるからである。

ソクラテスは、自分を起訴したメレトスのもつ「わたしたちの世界」に反論するために、二つのことを述べている。一つは、若者を善いものにするものは何か、という問いであり（24D以下25C前半まで）、もう一つは、隣人とすべきは善い人かどうか、という問題である（25C後半以下26Aまで）。そのあとで、宗教心の問題を取り上げているが、こちらは、節をあらためて取り上げる。

第一にメレトスは、若者を善くするのは「法律だ」と答えているが、ソクラテスは「人間」を答えるように要求している。というのも、人は心の中に「法律」を、正・不正を判断する拠り所としてもっている。しかしそれは大多数の人によって作られた「共同主観」である。しかし個人が生きる現場において正・不正を判断する基準は、個人の理性にあるというのがソクラテスの理解である。それゆえ、若者に直接声を掛ける個別の「人間」が、若者の心を善くする力をもつ。メレトスもこれに同意して、「アテナイの自由市民の全員」と答える（25A）。

ソクラテスはこれに驚く。

なぜなら、人間は、多数を頼みとする生活の中では、理性的考察をすることを怠り、無自覚に他者の意見を頼みとしている生活を送りがちだからである。したがって、市民の全員が若者を善くしていると答えるメレトスは、結局、事実としては若者教育を他人任せにしているだけである。もしもメレトスの言う通り、全員が若者の一人一人を教育することができるなら、全員が、一人一人、「わたし」を自覚して、他者の言に惑わされないように、他者から聞いた「ことば」を吟味して、なおかつ、そこからの推論も、他者にまかせず、つねに自分の理性で間違いが起こらないように吟味しつつ、日々、行動していなければならない。人々がそうであることは、ソクラテスにとって日頃の問答の理想であるが、ソクラテスは自分の経験から、実際には多くの人が、世間に流通している「ことば」を吟味していないことを知っている。じっさい、何についてであれ、自分が努力してみるなら、他者がそれについては何も考えずに、ほかの人に任せてしまっていることは、自然に見えてくる。

じっさい、良い理性をもつことが、若者であれ、年寄りであれ、良い人間になることである。しかし、自分の理性が「よくはたらく」ためには、他者とは異なる「わたし」が自覚され、他者の意見に頼らず、自分で考えることが必要である。それに対して、他者を頼みとする心は、他者とは異なる自分の「わたし」を「見捨てる心」である。その場合、各自の持つ理性は、自覚的にはたらかない。したがって、それが作る「わたしたちの世界」は、他者との非理性的な協調を優先した「思惑」、つまり「みんなの考えに頼って生きていけばいい」という「思い」になるほかない。

それゆえ、ソクラテスは、「馬を調教できるのはごく少数の専門家であるように、人間を教育できるのも、一人か、ごく少数の専門家ではないのか」と、メレトスを正す（25B）。

ソクラテスは、メレトスの返答を待たず、自分の言うことは、端的に正しいと判断している。それゆえ、わたしたちはソクラテスの考えを、次のように考えるほかない。すなわち、ソクラテスの理解では、「若者を善くする」と言っても、それは、広く「多数の若者を一挙に善くする」ことではありえない。演説で人の理性を善くすることはできないことだからである。

なぜなら、すでに述べたように、人間はだれでも、他者の意見ではなく、「自分一個の直接の知覚」によってでなければ、自分がもつ「理性世界」を真に改善することはできないからである。つまり、若者が良くなるためには、若者自身が「他者とは異なる一人の自分」を、まずは自覚する必要がある。したがって、若者を善くするためには、その一人に、ソクラテスが一人で相向かうことで、若者自身が、他者とは違う「自分一個の理性」を自覚して、その理性を実際にはたらかせることから、始めなければならない。

ところが、人は親を通して、あるいは、政治家を通じて、社会から、知らず知らずのうちに社会の「ことば」を教えられて、自分の中に、多数の人々がもつものと同様の「わたしたちの世界」を作り出している。したがって、自分がもつその世界は、多数の人々がもつ「わたしたちの世界」と同様のものだという、人間社会が作った思いが、各自のうちにある。

したがって、そのような、「ほかのみなも、自分と同じように考えている」という思いの中では、「みなと同じ自分の考え」によって、「わたしたちの世界」が変わることはない。なぜなら、このような状況においては、個々人の間では、違いは感覚的か身体的でしかないと、考えられるからである。じっさい、人々の理性のはたらきは、同じ「ことば」によって、相互に似通って、はたらいている。

それに対して、「他者とは異なるわたし」が自覚されたもとでの「自分の直接の知覚」は、自分ひとり、他者の知覚とは異なる「わたし」の知覚という自覚的認識のもとに、多数の共通見解に対抗できるだけの信頼を、自分のなかにもつことができる。なぜなら、すでに前章までで証明されたように、それが理性的に「正しい」ことだからである。

そして、「他者とは異なるわたし」を真に自覚させるものは、もう一人の「他者とは異なるわたし」であって、一様な多数の「わたしたち」ではない。なぜなら、一人の「わたし」が自分に面と向かって、なおかつ真に自分とは異なる意見を突き付けてきたとき、そのときはじめて、確実に答えられる一人の「わたし」を見つけることができるからである。そしてそれは、まさに「わたし」の「自分の意見」であるほかないことに「わたし」は気づく。それゆえ、一人の若者を善くするものは、やはり一人の人間であって、特定の人間を指すことができない無名の多数ではない。

現代日本の学校教育は、「みなと同じように考える」ことを教える教育である。これは一様な考えを身に付けた一人の教員によって、多数を相手にできる演説教育である。なぜなら、「一様な考え」を教えることは、つねに「同じこと」を「知るべき知識である」と教えることだからである。しかしこの教育では、そのなかでどんなに「個性の尊重」を唱えても、「自分で考えて世界を変える」個性的判断能力は育たない。

ソクラテスのように、個別に相対して「わたし」の自覚を促し、同時に、各人の「直接の知覚体験」を材料に、「正しく推論する」ことを教えるほかに、個性的なうえに理性的な判断力をもつ若者を育てることはできない。じっさい、個別に相対することで、はじめて人は、自分個人の知覚が「尊重されるもの」であることを教えられる。

そうすることができれば、神が一人一人に与えている知覚体験は、かならず「異なる」のだから、その上に「正しい推理力」さえ鍛えられれば、個性的な判断力をそなえた、個性的な人間が育つ。ヨーロッパの教育に日本とは異なるところがあるとすれば、ソクラテスの哲学に影響されたこのような教育観が、彼の地には伝えられているからである。

それゆえにソクラテスは、若者を相手にするときでも、一対一で向かい合い、膝を突き合わせて語るのである。それは新知識を与える教育ではなく、哲学することで、各自が「自分の理性」をもつことができるようにする教育である。

4 身近なものの善

ソクラテスは裁判で、教育について問責されたのであるが、教育のもう一つの柱となっているのは、「身近なもの」についての理解である。

すなわち、それは「悪い人は、そばに居る人に悪いことをするが、善い人は、善いことをする」という原理である（25CとD—E）。言うまでもなく、「悪い人は、悪いことをする人である」

は自明な真理文（命題）である。「善い人は、善いことをする人である」も自明な真理文（命題）である。ところで、人間の活動は直近の者に、もっともよく、そのまま及ぶ。声は少し離れたところまで届くが、「ことば」が聞こえる範囲は限られる。それゆえ、いくらかの幅はあっても、理性（ことば）の活動の結果はごく近いところまでが限界である。人がしたことが遠くに及ぶとしたら、それは途中の伝達による。つまりそこにはかならず媒介者（文字化された情報や電子化された情報）がかかわる。それゆえ、その人自身の理性の影響の範囲は、たしかなところでは、身近なところに限られる。

このことは、知覚が直接的なものであることと一致している。すなわち、理性のはたらきの端緒となる「知覚」は、まずは自分の感覚がとらえることができる直接的なものである。それは隣接したものであり、ごく「身近なもの」である。したがって、それはだれかの欺瞞が介在するものではない。すでに述べてきたように、知覚自体は、たとえ主観であっても、「正しい」ものである。それゆえに、自分の知覚によって、一般的な理性の世界、つまり「わたしたちの世界」が正当に刷新される。

また、世間で言われていることについての、あるいは、他者から言われたことについての正当な判断は、何よりも自分の知覚にもとづく自分の判断でなければならない。そうでなければ、「正しい」、「真である」判断にならない。なぜなら、他者の判断に頼ることは、たとえそれが専門家による判断であろうと、自分の知覚による判断の放棄であり、一個の人間として、もはや「正しく判断する」ことではないからである。専門家による判断は、考えることを放棄してしまった人間の判断より正しいと信頼されていることは事実である。しかし、その点は譲っても、その他大勢の他者の判断は、往々にして欺瞞を含む。

人間の一生を支える正しい教育は、「自己」に気づくことができる年齢からの正しい「自己教育」から始まる。なぜなら、「わたし」は、自分が他者とは異なる存在であることを意識していなければ、「自分の知覚」を大切にすることはできないからである。そして、自分の知覚を大切にすることが、すでに述べた理由で、「真理を知る」第一歩である。そして真理に寄らなければ、正しい教育は実現しない。

したがって、正しい教育は、「身近なもの」によって行われているのが、現実である。その結果、先に挙げられたような命題が自明な命題として見いだされる。すなわち、「善い人の間ではよい教育がなされ、悪い人の間では悪い教育がなされる」。ところで、「善い教育」とは、善いことが自分に直接に為されることを意味するし、「悪い教育」とは、悪いことが自分に直接に為されることを意味する。なぜなら、実際の教育は、身近なものによって為されるからである。そしてその原理に従えば、身近な者に悪いことを教えて、その人を悪くすれば、その人の身近には、自分が居るのであるから、自分はその人から悪いことをされる、という結論も、自明な推論である。

ソクラテスは、以上の推論にもとづいて、「自分が悪いことをすれば、身近な人から悪いことをされる羽目になる。ところで、結果の害悪が判明なことを、自分から故意にすることはありえない。それゆえ、自分が悪いことをしているとしても、故意にしているということはありえない」と、弁明している。そして、「わたしが悪いことをしているとしても、故意に悪い教育をしているのではないのなら、自分のそばに寄ってきて、それを教えてくれるのが『善い人のすること』、すなわち、『社会の法』だ」と、ソクラテスは言う（26A）。これによってソクラテスは、ソクラテスに近づこうとせずに、遠く離れたまま、いきなり自分を裁判所に起訴したメレトスに対して、君のしたことのほうが「悪い」ことを明らかにしている。

ソクラテスが人間の「善悪」を、各人の「身近」なものにだけ見ていることが分かる。つまり一対一の関係や、ごく少数の一緒に居る人間の現場においてのみ、「善悪」が明確に在ることを、ソクラテスは見ている。言い換えれば、人間どうしが接し合わない場には道徳上の「善悪」はない、と見ている。

これが何を意味するのか。多数の者同士が争う戦争には「善悪」は無いのか。それとも、戦争の一つひとつの局面では、個人の接触があるから、その局面でのみ、「善悪」が考えられるのか。ソクラテスの言ったことを敷衍すれば、彼の立場は後者である。つまり国同士の戦争について見るとき、どちらの国が悪であるかと、見るのではなく、それぞれの戦場で、一人一人の行動が、直近の他者に対して「悪」であるかどうかが問われる、しかもそれのみが問われると、ソクラテスは見ている。

戦争があったとき、兵士が受ける心の傷は、敗者の側にだけ見られるものではないことは、最近の報道を通じても明らかである。じっさい殺される側に立ったことよりも、人を殺して生き残った側に、心の傷は顕著である。じつは、アメリカは第二次大戦中に兵士たちを調べた。すると、戦争だとしても、人殺しをしたくないと、銃口をわざとはずしてしまう兵士が意外に多いことが、分かったのである。そのために、爆弾による遠距離からの大量破壊の方法が、その後は好んで使われるようになったと、言われている。

つまり、一般的に、戦争について、それは悪であると言うのは、正しくないのであって、個々の人殺しについて、それは悪であると言われるのが正しい、というのがソクラテスの主張である。わたしたちの耳には、公共的に「戦争は悪である」という主張が、「平和主義」の主張として聞こえている。しかし、この主張は、ソクラテスの道徳理論からすれば、真実ではない。なぜなら、戦争が悪であるのは、戦争の現場において、個々人の人殺しが行われるからである。人殺しのない戦争があるのなら、その戦争が悪であることは、まったくない。

ところで、何が善かの問題は、何が正しいかの問題であるから、間違いなく、人間の生活全般にわたる重大事項である。したがって、「身近なことがらのうちにしか善悪は生じない」という原理は、ソクラテスの「理性世界」を構成するもっとも重要な原理の一つであると言える。

じっさい、「身近なことがら」は、「直接に知覚することがら」である。すでに述べたように、それは各人の「わたしたちの世界」を改善する機会となるものである。じっさい、わたしたちは、日常の中で、ふと、何かに気づいて、自分の中にある「わたしたちの世界」を変更する。そしてそれを他者に語ることで、他者がもつ「わたしたちの世界」にも、変更を促す。それは身近な家事、育児にも、日々、見聞きできることである。そしてこれらの事実は、多くの人々の間で共有する世界の存在よりも、身近な経験のほうが、わたしたちにとって、じつは重い意味をもつことを示している。

じっさい、「身近に知った」ことによる「わたしたちの世界」の改善・修正は、ガリレオの例に見るように、たった一人や少数の間にとどまらずに、広く文明社会に共通の「わたしたちの世界」（たとえば物理学の世界）を改善することに、つまり社会の精神革命（たとえば、ガリレオの科学革命）にまで、ときにはつながりうる。現代のマスコミは、社会の片隅に起きたこの種の革命を、より早く社会に行き渡らせるために動いていると見ることができる。このことが意味しているのは、歴史を見ても、身近な出来事が、自身から遠い事実にばかり関心を向けている人にとって、意外なほど重要な意味をもつということである。

なおかつ、善悪は身近なことがらにのみある、という命題は、ソクラテスのもう一つの主張、

「わたしは、国民としての徳を知らない」と一致する。なぜなら、「国家社会」という存在は、彼から見ると「身近な存在ではない」からである。

じっさい、人は国家に、身体的に触れることはできない。それゆえ彼は、「国家社会の正義」という善は、「知ることができない」と主張する。しかし、国家の正義が分からないなら、どういう国家が正しいか分からない。そうだとすれば、正しい政治はできない。したがって、ソクラテスによれば、政治に参加する人々は、何が正しいことなのか、本当は分からずに、政治をしているのだ。

逆に言えば、ソクラテスの意見に反して国家政治に参加する人々は、それが事実であるかどうかは別として、「国家社会」を「身近に感じている」から、政治に参加しているのである。したがってソクラテスは、おそらく、国家の政治に参加し、日常の内で国家社会を身近に感じている人々は、そのように、勝手にそれを身近なものと思い込んでいるだけで、それが身近ではないという真実を知らないだけだと、見ている。

言うまでもなく、国家社会を身近に感じている人が多いから、国家社会は人々によって支えられている。ソクラテスを訴えたメレトスも、「裁判」という、国家社会の運営に際してなくてはならない機能に彼が訴えたことを見れば、彼が、ソクラテスという「人間」よりも、自分が属する「国家」というものを、身近に感じて信頼していたことは明らかである。

読者は、「そういうソクラテス自身、国家のなかで生きていたのではないか」と言って、首をひねるかもしれない。しかし、この矛盾、つまり「国家社会の実在は真実ではなく、正義ではないと見ていながら、その存在を前提としている生活のなかに自分がある」ことを、まさに彼が抱えていたために、「知ること」に特化していた彼の議論は、ほかの人々には、「空とぼけ」に聞こえた、と言える。

じっさい、「国家社会の実在」について云々するためには、それを前提にしなければならない。つまりそれを主語として取り上げなければならない。しかし実在しないものを取り上げてそれについて真実を語ることは、どこかおかしいものになる。それが夢のあることなら許されるだろうが、「国家」とか「正義」のこととなると、きわめて不真面目なことだと思われてしまうのは、仕方のないことだ。

とはいえ、科学のように、単純に3人称の世界のことであるなら、同一対象についての誤りは、その実在についても、容易に修正される。宇宙にあるものは、目に見えるものだけだと思われていたことが、ダークマター（暗黒物質）の存在が云々されて、旧来の宇宙観が疑問視されたのは、今日的な出来事である。

ところが、政治は、「国家社会」についてそれを身近な実在と見ることが前提である。ところが、それが身近な存在であるかどうかは、各自の「わたし」がもつ主観であり、身近な実在であるのは、そのように考える人の間の「共同主観」である。これに対して、ソクラテスは、直接の知覚を根拠とする考えをもっている。それゆえ、両者の間で、対立が起こる。しかもソクラテスにおいて、この問題が分かりにくくなるのは、ソクラテスが身近なものとしている彼の生活が、国家社会の動きと無関係ではありえないからである。国家社会の実在を知覚していなかったソクラテスは、裁判では、その「法」に同意して従っていた。彼の言い分では、自分の理性で吟味して、「法」は、「不正」とは見なせなかったからである。しかし、法律の運用において国家が維持されるところでは、法の正義は国家の正義である。

ソクラテスは、ぎりぎり、「わたしは国民としての徳を知らない」と、「国家の知」の話に留めて、「行動」にまで至らなかった。じっさい、国家の正義が否定されるのなら、正義を主張できない国家は、良い存在ではない。したがって、国家を破壊する行動が肯定されるはずであるが、彼はそこまでには至らなかった。その理由は、自分はアテナイ市という都市国家に生まれた住人であるというもう一方の事実（身近な真実）を抱えて、「行動」において国家を否定するまでの根拠（理性）を、彼が見いだせなかったからだと考えられる。

ここには微妙ではあるけれど、一致があって、矛盾はない。それゆえ、ソクラテスが、「わたしたちの世界」を吟味する資料として、何よりもこの「身近な世界」に関心を向けていたことは、確かなことのように思われる。

5 神の存在

ソクラテスは、裁判で有罪と決まったあと、当時の法律で加えられる刑罰と考えられるものの内、市からの追放刑に対して、「自分は神に命じられて問答しているのだから、このアテナイの町を出ていくわけにはいかない」と言って、追放刑を拒絶している。そして追放刑を受けるわけにはいかないのは、神の命令に服従するためだという自分の主張を聞いて、「みなさんは、わたしが空とぼけていると思うだろう」と言っている（38A）。

ソクラテスは、自分は神を信じていると、言っている。しかし、はたしてその神は、アテナイ市民が信じている「アテナイ市の神々」なのか、ということが、アニュトスをはじめとして多くの人が疑っていたことである。市民からすれば、ソクラテスが「ダイモーン」と呼ぶ神が、もしも自分たちの神であったなら、神がお告げでソクラテスに何度も問答を命じているのなら、その回数以上に、神が市民たちに、「わたしはソクラテスに、君たちのだれかを呼び止めて問答させているが、それは神である自分がソクラテスに命じたことであるから、いやかもしれないが、受けてくれたまえ」と、市民にお告げがあってもいいはずなのだ。しかし、そんなお告げは聞いたことがない。

ところがソクラテスは、お告げは、自分には一再ならずあったと、言う（33C）。それが同じ神だとしたら、おかしいではないか、神はそんな不公平なことはしないのではないか、作り話ではないか、というのが自然な市民感覚である。

さらに言えば、五百人の市民裁判官たちは、おそらく、つぎのように思っていただろう。「たしかに、名誉を傷つけられたアニュトスの気持ちは分かる。しかし、だからと言って、問答くらいのことでソクラテスの命を取るほどのことではないのではないか。ここは喧嘩両成敗で、追放刑でいいのではないか。ともかく、ソクラテスが居なくなれば、アニュトスたちもソクラテスのことは忘れて政治をすることができるのだから」。

ところが、ソクラテスのほうは、アニュトス個人を敵視して問答していたわけではない。その意味では、アニュトスの怒りなど、ソクラテスにとって二の次なのである。むしろ、神の意志が自分に突きつけた第一の使命こそ、ソクラテスにとっては、自分が生きていくなかで一番に考えなければならない重大事項だった。すなわち、「徳その他のことがらに関して、毎日、だれかと問答しながら自他の吟味をする」（38A）、もしも「自分はそれを知っていると言う人がいれば、神の命令にしたがって、調べ、知恵があるとは思えないときには、神の手助けをして、知者ではないことを、明らかにしている」（23B）

だから、追放刑も、「どこかでおとなしくしている」ことも、無理だと、ソクラテスは言う

（37E）。

しかし、だとしたら、選択肢は「死刑」しか残らない。とにかく、ソクラテスが同じ行動を続けてアニュトスの怒りがこれからも続くとすれば、恐怖政治からアテナイを解放した功績によってアニュトスに政治を任せている市民としては、ソクラテスではなく、アニュトスのほうを採るほかない。アニュトスと喧嘩両成敗で結着させようと思った良心的市民裁判員たちは、このソクラテスの態度に、内心、あきれただろう。

後年のわたしたちは、当時の市民たちの立場を考えずに、ソクラテスの死刑を決めた市民たちの無思慮さを非難しがちである。しかし、わたしは、現代のわたしたちが当時の市民たちより思慮深くなっているとは思わない。じっさい、ソクラテスの信仰は、現代ヨーロッパの哲学研究者の間でも「分かっていない」。それが分かっていないなら、わたしたちも、当時の市民たちと同じく「無思慮」である。現代の法律が、若者教育に関する見解の違いや、思想信条が理由で人を死刑に定めることがないからと言って、わたしたちの思慮のほうが、当時の市民の思慮より優れていると言うことはできない。とにかく、当時の市民たちと同様に、わたしたちもソクラテスの信仰、つまり彼自身にとっての「神の存在」が分かっていない。

ソクラテスは、子どもの頃から、神からのメッセージがあったと言っている（31D）。ソクラテスの中では、何かの際に、神からと感知できるメッセージがあって、それが不思議なことに彼自身の哲学と一致していた。じっさい、ソクラテスは四十歳の頃に受けた神託によって、人々に噂されるような「問答」を始めたのであるが、彼の弁明を読むと、その「問答」は、彼自身にとっては「あらたなもの」ではなく、以前から繰り返し、少なくとも彼自身の内で、あるいは、他者との間で、すでに行っていた問答ないし対話であった。そして彼の「哲学」(知恵の愛)とは、まさにその「問答」ないし「対話」だった。したがって、神が彼に求めたものが「彼の問答」であるなら、神は、「すでにできていた彼の哲学を他者に広める」ことを求める神であったと、言わなければならない。

すでにこの章のはじめに述べたように、その問答の内容は、だれもが認める正義(国民としての正義)、あるいは、だれもが認める善さ、あるいは、だれもが認める美についての問答だった。ソクラテスは、さんざんそれは何か、自分に問うて、自分では答えが見つけられずにいた。つまり「知らないわたし」を見つけていた。しかし、ソクラテスは、その問いをもっぱら自分に向けていて、ほかの人がそれを知らずにいるかどうか、とくに一人一人に当たって調べて見たことはなかった。

ところが、神託に出合って、あらためてほかの人を調べてみることになった。すると、ほかの人も、自分と同じように「知らない」ことが判明したのである。ところが、ほかの人々は、自分とは違って、「知らない」ことを認めようとしないことに気づいた。みな、他者の手前なのか、に「知っているふり」を貫こうとしていた。そのことに気づいたソクラテスは、自分と同じように「知らない」ことを認めるように、彼らの「ふり」を正そうとしたが、なかなか思うようには行かなかった。しかしそうしたことを繰り返しているうちに、ソクラテスは、神が暗に、神託を通じて自分にその行動を求めたのだと思うようになった。つまり知っている「ふり」をするのではなく、知らないなら、「知らないと認める」ことを、神は自分と同じく、他者にも要求していると、気づいたのである。

じつは、自分が正義その他の美徳を「知らない」ことを認めることは、「本当の自分」に気づくことであり、「本当の自分」に目覚めることである。人間はたいてい、いろいろと「知っている」ことが「人間らしさ」だと思っている。いろいろ「知っている」ことで、自分はただの「動物」ではないと、思っている。すなわち、理性的であることにおいて、人間は、ほかの動物と区別されると、思っている。そしてまさに自分は人間なのだから、自分は理性的だと思うことができなければならないと、思っている。つまり、そのように自覚して、自分は「人間だ」と思って誇っている。じっさい、それゆえアリストテレスは、「人間は理性的動物である」と定義する。

それゆえ、むしろ「知らない」ことを自覚することで、「本当の自分」に目覚めるというソクラテスの哲学は、アリストテレスの人間理解とは、まったく異なる人間理解を示している。すなわち、ソクラテスの哲学は、むしろ「非理性的」であることを自覚することで、人間は、「本来の自分」を知る「理性」をもつ、ということである。じっさい、「知らない」ことは、「理性がない」(ことばがない)ことを意味する。なぜなら、人間は、知っているものについてはそれを語る「ことば」をもつが、知らないものについては、「ことば」がないからである。それゆえ、これはアリストテレスの人間理解とは、明らかに矛盾している。

通常の人間にとって、自分の存在に気づきながらその存在が何かに関して「知らない」こと、「理性がない」こと、すなわち「ことばにできない」ことは、人間としての誇りを失うことである。なぜなら、それなら、自分はほかの動物と変わらないからである。したがって、一般人にはとても受け入れがたい理解である。ソクラテスは、それでも、神からのメッセージとして、「人間の知恵など些細なものか、ほとんど値打ちのないもの」(23A)だと言う。神が人間を作ったとするなら、神の作った人間の本当の姿は、自分の「無知」を認める「理性」であって、有りもしない「知」を誇る「理性」ではない、ということである。

じっさい、人間は、感覚がとらえることができる範囲で、理性が「知覚」をもつことができるだけである。すなわち、理性が正当に「知っている」と言えることは、「ごく身近」な3人称の事実に限られる。しかも論理的に、そこから推理をはたらかせても、そこから出される結論は、知覚できたことから「推理した結論」であって、知覚できたことを超えて、何かを「知った」のではない。もちろん、理性が正しく推理するなら、その推理も正しいのだから、その結論は、正しい結論である。しかし、「知らないこと」からは、「知らないこと」のほか、正しい結論が出ることはない。そしてそれはソクラテスによれば、とくに「善美なことがら」（倫理的・道徳的なことがら）について、ある。

理性が導く結論は、身近に知覚したことがら（自分が「知っている」こと）の正当性にしたがって得られる「正しい推論」の範囲を超えることはない。つまりその正しさが妥当するのは、身近な範囲に限られる。遠いものは、「直接に知覚された」ものではない。まさにそのために、科学の世界でも、あらたな理論にはつねに実験が求められ、別の人による実験の再現性が求められるのである。なぜなら、正しい推論によって立派な理論が生まれても、その理論の正当性は、推論の正しさだけから結論づけられるものではなく、推論の基礎となった知覚の正しさを確かめる必要があるからである。そのために、身近で行われる実験や観察によって、繰り返し知覚が確かめられなければならないことは、経験科学のイロハである。

それゆえ、人間は、どの個人も、自分の身近なところでしか「知」を誇ることはできない。したがって、何万人もの人々に「共通な知」は、「知覚された知」ではなく、自分が知らない人の知覚から導かれた「推論上の知」でしかない。そしてきわめて多くの場合、人間はその推論を誤るのである。誤りのない推論は、数学者とか、科学者とか、ごく少数の人による、狭い専門的世界においてしか得ることはできない。人間の一般的生活の仕方（生き方）については、誤りのない推論が行われることは、ほとんど期待できない。なぜなら文明社会の日常の人間は、さまざまな欲に取り囲まれて生活しているからである。ほとんどの人は、自分の欲目に気づかないことで、誤った推論上の知を、みなが知る正当な知であると思い込み、自分の理性を、じつは間違ってはたらかせて生きている。

ソクラテスは、自分たちの間違った「知」の夢に耽るそうした人々に対して、自分の「無知を認める理性の針」で突くことで、その夢を破る問いを投げ続けた。せっかくの夢を壊されて気分を悪くした人々は、ソクラテスから離れると、さっそく自分が見ていた夢に再度没入して、ソクラテスを人間らしい夢を壊すものとして、あちこちで悪く言った。ユダヤの預言者は、厳しいことばでユダヤ民族を約束の地へ導いたが、ソクラテスは、神に奉仕して、アテナイ市民たちを、その語がもつ鋭い針でチクチク刺して、「本来の自分」に目覚めさせた。すなわち、そのような一匹の「アブ」となった（30Ｅ）。つまり彼自身の自覚としては、彼は理性の人、知恵の人ではなく、「無知なアブ」なのである。

ソクラテスは、己の無知を知る人間となったが、その本質（神から見たソクラテス）は、人々を本当の自分に目覚めさせる「アブ」だった。つまりソクラテスは、彼の言い方によれば、無知なアブが人間になったものであって、キリスト教会のイエスのように、知恵に満ちた神が人間になったものではない。ソクラテスは、徹底的に、通常の「ことば」を使って、一対一で問いかけた。相手に、問われたことに「答え」が出せないことを確かめさせた。「知らない」なら「知らない」、「分からない」なら「分からない」と言え、と迫ったのである。一方、ユダヤに出た神言を語る預言者は、「神」を主語にした「ことば」によって、多数の人々を相手に演説した。つまりユダヤの預言者は、神に代わって多数のものに話す人間であった。しかもユダヤの預言者は、相手に無知の承認を迫ったのではない。むしろ神について、あらたな知識を授けた。

ところがソクラテスは、むしろ「神抜き」に、一対一で相手に「無知」、「無能」を迫った。真実を語るうえで、ソクラテスは「神」を持ち出す必要を感じていなかった。なぜなら、ソクラテスは神についても「知識」ではなく、むしろ「無知識」を語ったからである。

「知識」とは、「ことば」だけで真実が伝えられるものである。知識世界では、一人一人の具体的な「わたし」は、意味を失う。なぜなら、人々一般に伝わり、共有されるものが、「知識」や「ことば」であって、一人一人の「わたし」という主体ではないからである。「知識」は、一般的に各自の「わたし」によって、「対象とされるもの」であり、「道具扱いされるもの」である。それは3人称で扱われる「もの」である。それに対して、「あなた」として向き合う相手は、神であるか、人であるか、あるいは、アブであっても、生きるものであるかぎり、何らかの「主体」として見られるものである。それは向き合っている相手であるかぎり「対象」であるが、相手のうちに、もう一つの「わたし」が息づいているることが受け取られるかぎり、全くの「対象」ではない。そしてそのかぎり、「あなた」の存在は「知識」として受け取ることはできない。

すでに説明してきたように、ソクラテスによれば、理性にとって真実であるのは、自分が「知覚できる」ものだけである。他者から聞くこと、教えられることは、真実ではない。したがって、「先生から教えられた」こと、「本で読んだ」ことは、それを「自分が知覚する」まで、あるいは、「自分が知覚したことから自分で正しく推理する」ことができるときまで、自分の理性にとっては、一切真理ではない。あくまでも「人に聞いたこと」に過ぎない。

ソクラテスが「教えたことはない」と言っているのは、真理は、自分の身の回りの直接に知覚できることに限られると、彼が見ていたからである。だからソクラテスは、話す相手に対して、「自分が知覚した」ことを問い、「自分が推理した」ことを問うのである。すなわち、正しく知覚したことか、正しく推理したことか、相手に問うのである。そして自分自身に対しても、それを問い続けたのである。なぜなら、それを逸脱するとき、理性は「正しさ」、つまり「真理」を失うからである。

6　ソクラテスと神

ソクラテスが、自分が知覚した神に、公に言及するようになったのは、四十歳の頃にあった神託事件の後、神の存在を前提にするほかない生活を、彼が決心して、始めたあとだったに違いない。なぜなら、自分が知覚している「神の存在」は、自分だけのものであることを、彼は知っていたからである。とはいえ、家庭の経済を無視して神への奉仕に赴く生活は、人目にとまるものである。となれば、正直にその理由を述べるか、ごまかすか、いずれかしか道はない。友人たちには、政治家を問い詰めることは、市民政治の活動として自由市民の義務だからと、彼はごまかしたかもしれない。しかし、家庭では、そういうごまかしは通用しない。悪妻クサンティッペに彼が苦労したのは、彼女には、そのごまかしが通用しなかったから、と考えられる。

しかし、積極的な意味でソクラテスが神に言及している場面が伝えられている。

クセノフォンの著作『饗宴』（プラトンの同名の作品とは別物）[2]は、ソクラテスが四十七歳の頃とおぼしき談論を伝えている。ソクラテスは「天上の愛」に言及して、「エロスのダイモーン」と、それを名付けている。言うまでもなく「ダイモーン」は神の一種である。そしてそのように言ったあとで、性交を求める「欲望（凡俗）の愛」と、「天上の愛」を区別する。この区別を明示するために、さらにアプロディテの女神に二種類があると、彼は言っている。すなわち、天上的なアプロディテと、凡俗のアプロディテである。あるいは、ホメロスの叙事詩に出てくる逸話を例として取り上げている。つまりみなが知っている神や半神の名を出すことによって、一方で人間が経験できる「愛の違い」をなんとか「ことば」にすることで、人々が気づかずにいることが多い「二つの愛の違い」を、神の権威にことよせて語っている。[3]

しかしながら、そうだからと言って、ソクラテスは「神の名」を道具にして真理を語っているのではない。むしろ、ソクラテスがそれを「神」と結びつけているのは、それが「真理」だからである。つまり「愛」と呼ばれるものには二種類あって、一方の「身体的な愛」は、身体的（感覚的）な心を動かす力である。ところで「身体的な心」とは、「身体に関心をいだく心」である。それは、理性に関心をもたない心であり、身体を、「理性のはたらき抜き」に動かす。したがってその「愛」は、「非理性的行動」を人に引き起こす。

それゆえ、この「愛」は、身体において「神」のような支配力をもつ。「恋は盲目」と言われる通りである。ソクラテスは友人となった若者に対して、しばしばその危険性を語っていた。クセノフォンが書いた『ソクラテスの思い出』（第一巻第三章）のなかでは、まだ若い時のクセノフォンに対して、キスなどして一線を超えないようにと言い、また同じ著者の『饗宴』（第八章終わり）においては、金持ちのカリアスに対して、身体的な愛で愛せば、相手から尊敬よりも軽蔑を得ると言って注意している。

他方、もう一つの愛は、「理性的な愛」である。その愛は、「理性に関心を懐く（理性に配慮する）心」を、動かす力である。したがってその愛は「理性のはたらき」を支配する。それゆえ、それは「理性の神」、ないし、その「神に由来するもの」（ダイモーン）である。ソクラテスはこの「愛」を、心が自身を「大切にすること」と言うこともあれば、「気づき」とか「配慮」とか、「自覚」と、言い換えることがある。つまり自身を含めて、身近なものについての「直接の知覚」がもつ愛である。

このことは、すでに述べたことと一致している。すなわち、人間の理性は、各自の「わたし」が自覚されること、すなわち、各自の理性が、自身に気づくこと、各自の理性が、ほかの何かを直接に（身近に）知覚すること、これらを「始原」としている。ところで、「始原」となるもの（原理）は、それに続くもの（結果・結論）を支配する。それゆえ、始原となる自覚における愛は、理性自身とそのはたらきにとって、やはり「神」である。

なぜなら、「知覚」は、感覚にはとらえることができない存在であり、なおかつ、理性のはたらき自身の「支配者」だからである。そして知覚されたものとは、「ことば」である。そして「ことば」は、「論理」となって「ことば」をつないで正しい推論を導く。それゆえ、結果的に、「理性（ことば）の神」は、正しい理性のはたらきの始原から結果までを、「支配する」。言い換えると、「正しい理性のはたらき」は、そのすべてが「理性の神に従う」はたらきである。それゆえ、そのはたらきは、真実の「神のはたらき」である。

そしてソクラテスの理性は、考えられるかぎり、もっとも正しくはたらいていたのだから、そのはたらきは真実の「神のはたらき」だったと、言うことができる。ところで、ヨーロッパの言語では、「はたらき」は「存在」であるから、ソクラテスの理性には、まさに神が存在していたと、言うことができる。

したがって、ソクラテスの「理性」（ことば）と、「神の存在」の間には、ソクラテスの「ことば」（理性）が正しいものであるかぎり、「一致」の関係があったと言わなければならない。ということは、ソクラテスは、自分の理性の「正しいはたらき」のうちに「神」を見いだしていたことになる。したがってソクラテスと神の関係は、かならずしもペルソナ（人格）的な「我と汝」の関係ではない。たしかに一方でソクラテスは、神を「異なる主体」と認めていた。じっさい、ソクラテスは神の優越を認めていた（28D―29A）。それゆえ、ソクラテスは神を、優越する別個の「主体」として受け止めていたことは確かである。

しかしながらまた、ソクラテスは「神のことば」を、自分の理性における「正しいことば」のうちに見いだしていた。そしてその「ことば」は、「自分の理性」と同等なものである。したがって、少なくとも神に由来する理性のはたらきにおいて、「神」を、端的にソクラテスの自己

（主体）に優越するものと見なすことはできない。

とはいえ、すでに述べたように、「正しい理性のはたらき」が、ソクラテスの理性を支配する「神」だということは、やはり確かなことである。したがって、それは神でありながら、ソクラテスが受け取るはたらきにおいて、ソクラテスの理性と同等であり、また神であるために、ソクラテスの理性に対して優越し、ソクラテスの理性を支配し、主導した。

この単純化しがたい関係を、わたしたちは理解できるのか[4]、それとも、その複雑さの中に矛盾を嗅ぎ取って、これまでの説明を根こそぎ間違いだと見て、捨て去るべきなのか。

7　正しい者であるために

ソクラテスは、弁明を始めるところで、自分は「正しい者である」ために、「真実を語らなければならない」と言っている（17B—18A）。そして、じっさいに弁明を始めるに際して、前もって述べるべきことを述べ、そのあとで、いよいよ本当に弁明を始めるに際してソクラテスは、じつに意を決するように、「在るがままに」（エイエン）と述べている[5]（18E）。

「在るがままに」ということばは、世界を作っている神の「思いのままに」、という意味である。自分個人の希望を実現しようとする意図を捨てて、「神の希望を実現する」ことを願うことばである。それゆえ、以降、ソクラテスは、「神が自分に述べてほしいと思っている」ことを、そのまま述べるために、裁判で「真実」を語る。言うまでもなく、ここで言う「神」は、すでに述べたところの「理性を正しく支配する力」である。自分が直接に知覚したことと、その真実から自分が正しく推論できること以外のことは、真実であると語らない力である。そこに自分が直接に知覚していない他者の思惑を加えることがないこと、他者の推論を自分の推論であるかのように装って自分をごまかすことがないこと、そういうことができる力である。

他方、逆から見れば、この神の支配を受けた理性とは、自分自身がもつ力を超えて、「知っている」と語ることが、けしてない理性である。「知らないことを、『かならず』、知らない」と認める理性である（21D）。それはまた、大した能力ではない自分の「在るがまま」の能力を、けして逸脱しない理性である。その理性は、飾らない、素のままの理性であり、素直で正直な理性である。

一方、人間社会のなかで育つ理性は、その社会のなかで生きていくために、他者の目を意識して、必要な飾りを身に付け、自分の身を隠す服を着て、そういう自分を鏡に映して、この像こそ自分であると思って満足し、安心している理性である。身に付ける飾りや服は、特別な人が作って売っているのではない。自分たちの社会が、ふつうに作って、学校で、会社で、マスコミの場で、あるいは、広告宣伝の場で、売っている。わたしたちは社会で活躍する人間になるために、公平に教育を受ける。しかしそのために、お金が必要だとわたしたちが考えるのは、天から自分に与えられたもので満足するのではなく、自分の教育のために必要と考えるものを、わたしたちが社会から買っているからである。他方、神による教育には、お金は不用である。

社会から知識を買って、社会に教育される理性は、自分の本当の姿を見ようとすることを忘れる。社会は、そのように育った理性の人によって支えられている。つまり「みんな」がそういう仕方で育てられる。それゆえ、神に育てられたソクラテスのような理性を、人々は「間違っている」と考える。つまり立派な服を買わず、それを着ていない理性は、人間社会においては「貧乏人」と思われる。言うまでもなく、ソクラテスは、見た目にも、いつも貧しく「同じ服装」をしていた。

8 純粋理性がもつ永遠的真理

前章の第9節で、わたしの個別的理性世界が成立するのが、「わたし」のなかの「今ここ」でしかないようすについて述べた。「わたし」の自覚が十分でなければ、「わたしの考えている」ことは「みなが考えている」ことと混同される。この混同が不正であるなら、「みな」とは違う「わたし」は、自分のもつ「ことば」を、正しく用いて推理するのでなければならない。そうでなければ、正しく理性がはたらくことはない。しかも、自分と「みな」が、両者とも正しく考えれば、かならず、自分は「みな」と「同じこと」を考えることになるだろう、と考えるのも、正しくない。なぜなら、神は各人に、異なる生きる時と場所を与えることによって、「それぞれ異なる知覚経験」を与えているからである。人はかならず、他者にとっては「珍しい経験」をもつのである。それが各人の理性のうちに、確実に「個性」をつくる。

ところで、わたしたちは各自、自分の知覚経験から自分の推理を加えて自分の理性世界を作りうる。したがって、その理性世界は、自分だけで完成するものであって、完成する（十全となる）ために、「他者」を必要とするものではない。各自の理性が、「他者」を必要とするときとは、他者との「協働」（コラボレーション）を求めるときだけである。すなわち、他者と協力して何事かをするときは、「共通の世界」のうちに「共通のプラン」を練らなければならない。このとき最高度に「精密な共通世界」をつくるのが「科学」であり、その世界が「科学的世界」である。この世界は、協働の目的のために、共通の尺度を設定している。すなわち、時間軸、空間軸という複数の次元の目盛りである。

それゆえ、近代のカントは、おそらく、理想の人類社会を求めて、理性のうちに時間と空間が、先天的形式としてあると主張した。しかし、真実には、それは作られたままの「純粋理性」ではなく、他者と会って「他者と協働するための理性」である。言い換えると、「共通の科学を成立させ、人々の間に国家社会を構成する理性」である。しかし、この理性のもとで、たとえば「正義とは何か」と追求しても、一定の正義の意味を見いだすことはできない。

なぜなら、その理性は、時間と空間に制限されているからである。つまり協働を目指す理性が見いだす正義は、いつも、時間を合わせて活動できる特定の人々にとっての、「特定の場合」に成立する、「都合の良い」正義に過ぎないからである。その理性は、正しく、「普遍的な正義」を見いだすことはない。なぜなら、その理性は、時間と空間の先天的形式なしには何も見ることができない理性だからである。つまり特定の時間と特定の位置を規定したうえでの正義しか見ることができない理性である。

それに対して、生まれたままの、素の理性こそ、「純粋理性」であり、それは、自分だけで完成する理性である。この理性は、複数の次元の尺度をもたない。すなわち、時間軸や空間軸をもたない。理性は無時間、無空間のうちではたらいている。それがもつのは、「質的尺度」のみであり、「より良い」の尺度だけである。ソクラテスが語る「より身近」かどうかも、空間的距離に関するものではなく、「今ここ」にある個別の理性に「より身近に（より直接的に）知覚される」かどうか、である。そして自分にとってのより身近な知覚は、神が自分に与えた知覚であることにおいて、それだけ「正しさ」をもつことが保証されている。

ところで、この理性にとって、もっとも身近なものは、もっとも直接的に知覚される己の理性自身であり、その理性を規定している「正しさ」、「善さ」である。そしてこの「正しさ」、「善さ」は、生きている理性を規定しているものだから、生きている理性を「支配する力」である。つまり生きている理性の「生きた神」である。それゆえ、自分が知覚したことを重んじて理性的世界をもっともよく成立させたソクラテスは、つねに「生きている神」の批判を受けて、自分の間違いを正すのである。そしてそれが、ソクラテスに子どもの頃から現れて、ソクラテスの行動を正してきた「ダイモーンの声」であると、解釈される。

ところで、じっさいに生きている人間の理性は、間違った思惑に陥りやすい能力である。なぜなら、それは「ことば」にしたがってはたらく能力であり、「ことば」は、社会から学ばれ、社会に通じるものだからである。そのために、人間の理性能力は、人間社会がもつ間違った思惑を真理として学んでしまいやすい。じっさい、学校などの公教育で学ぶ「ことば」は、「共通の科学世界を構成し、社会を構成する」ための「理性のことば」であって、神がつくった「わたし」をつくる理性の「ことば」ではない。そしてカントの主張のように、近代市民国家は、近代科学を成立させ、「文明社会」という「協働社会」を成立させる理性こそ、「真の理性」であると信じて、国民を教育している。しかしその社会は、じつは神の真理を見失って、人間の欲望を実現するために協働する社会に過ぎない。人間の欲望のための協働は、他者との争いを産む協働である。それゆえ、その理性がどれほど考えても「永遠平和」が訪れることはない。

科学革命にも見られる通り、個人に与えられた直接の知覚は、つねに既存の科学世界を革新する正当な力をもつ。それと同じように、個人に神から与えられた直接の知覚は、それまで保ってきた個人の中の「わたしたちの世界」を正す正当な力をもつ。じっさいソクラテスがもっていた「わたしたちの世界」は、彼自身の知覚の批判を受けて、繰り返し正され、純粋な理性的世界に近似していた。それは神と共に在る純粋理性である。なおかつ、ソクラテスは生きているかぎり、あらたな知覚を得ることにおいて、何らかの批判を神から受け続けたのである。

それゆえ、ソクラテスは「ダイモーンの声」に注意を払い続けた。ソクラテスに始まる哲学が、固有に持つ「自己批判性」は、このような批判精神である。したがって、このような批判性を欠いた哲学は、哲学を気取って、文明社会の人間を一様に育てる「啓蒙教育」を進めるだけである。

9 死を知らずに生きる理性

論理的に言えば、永遠の真理は、永遠の理性によってのみ知ることができる。なぜなら、「永遠」という「ことば」の意味が分からない「理性」が、「永遠を知る」ことは矛盾であるから。したがって、永遠的真理は、永遠を知る理性によってのみ、理解される。そして、すでに述べたように、理性は、直接的に知覚するもののみを、真実に知ることができる。したがって、永遠の真理を知る理性は、「永遠」を直接的に知覚する理性でなければならない。ところで、永遠を知る理性とは、「永遠を生きる理性」である。

すでに述べられたことによれば、理性は、「今ここ」の知覚経験を端緒として、「今ここ」に生きる。そして、「今ここ」は、無時間、無空間の一点である。「わたしの理性」は、そこから「わたしたちの世界」を、「他者と協働するための世界」として構成している。そしてこの「わたしたちの世界」は、他者との協働のために、共通の尺度として時間と空間を、世界の基軸として構成する。したがって、理性は、自分が自分たちのために構成した「わたしたちの世界」を生きることができる。このとき、理性は、「時間と空間のうちで生きる」。他方、理性が「今ここ」の知覚経験を一人生きるのなら、理性は、「時間と空間を超越して生きる」。

ところで、今ここに居ない（身近に居ない）人たちを含めた「みんなの思い」を気にして、「みんなの思い」に合わせて生きようとする理性は、「他者との協働」を土台にして生きようとする理性である。このような理性の「わたし」は、自分が「いつまで生きられるか」を考えずにはいられない。なぜなら、「みんなの思い」に合わせるためには、「他者と共通の時間」、すなわち、「他者と共通の年月」を、考えずにはいられないからである。したがって、自分の寿命がそれと合わないと、苦しむのである。

それに対して、「わたし」が生きることが、他者との協働のためではなく、まさに「わたし」

自身が生きるために生きるときには、他者との協働のための時間は、「わたし」の眼中にない。「わたし」の眼中にあるのは、「今ここ」に「わたし」が出合っている知覚経験のみである。

そして「今ここ」に出された「わたし」の知覚経験は、相手が友人であれ、敵であれ、あるいは、その他のものであれ、「神」が「わたし」に提示する経験である。したがって、その経験に全精力を集中する理性は、神に対する「敬虔」の徳をもって生きる理性である。なぜなら、その分、人間が構成することで欺瞞を含んだ「わたしたちの世界」（文明世界）に生きることを、「わたし」は止めているからである。なおかつ、神が提示する経験は、「神の正しさ」をもつ経験である。その正しさは、神の正しさ（正義）であるから、「永遠的正義」である。それは永遠性をもつゆえに、時間空間を超越している。したがって、「今ここ」にある知覚を生きる理性は、「永遠を生きる理性」である。

また、「みんなの思い」を気にして、それに配慮して生きる理性は、「みんなを愛して」生きる理性である。しかし、各自がもつ「わたしたちの世界」は、欺瞞が入り込む世界である。そしてこの「わたしたちの世界」をそのときどきの基盤にして、わたしたちは互いに「みんなの思い」を考えている。したがって、わたしたちが知っていると思っている「みんなの思い」は、欺瞞を含む世界である。それゆえ、それを愛するわたしたちの思いには、欺瞞が含まれる。それゆえ、どれほどたくさんの他者を思っていようとも、それは「神の愛」ではない。

それに対して、「今ここ」にある知覚経験を気にして、それに配慮する理性は、「わたし」自身と「身近なもの」(隣人)を愛して生きる理性である。それらは、神が提示している経験であるから、「神の正しさ」に満ちた経験である。それゆえ、それには何ら欺瞞が含まれない。したがって、それを愛して生きる理性は、「神を愛して生きる理性」である。そして神は永遠であるなら、その理性は、「神の永遠を生きる理性」である。

ソクラテスはこれについて、彼の最後となった裁判の場で、何を言っているか。

ソクラテスは、裁判員たちの中に、自分の弁明にあきれ、反発さえもっているとおぼしき人々が居ると推察して、その裁判員たちがもつ思いを代弁して見せている。すなわち、「自分に死の危険が迫っていることに配慮しないことは、恥ずべきことがらではないのか」と。それに対して、ソクラテスは、まず、わたしたちの生きる模範とすべきは、アキレスのような半神の行いではないか、と言う(28B—C)。

この発言は、ソクラテスが神を信じていないのではないか、という疑いをかけている裁判員に対して、むしろ「わたしのほうが」よほど神を信じているのではないか、なぜなら、こんなふうに、きちんと半神の行いを模範として生きようとしているのだから、という意味である。そしてホメロスの伝えによれば、アキレスは、友人の敵を討つとき、自分の死のことなど配慮しなかった。そして自分も、かつて戦場で、上官に命じられた場所で、死を気に留めずに戦った、と言っている（28D—E）。

ソクラテスはここでは、自分の死の危険に配慮せずに戦うことは、アキレスもしていたことだから、自分は間違っていない、と主張している。

しかしこの論は、当時の一般の人々とソクラテスが共有していた「わたしたちの世界」、「ホメロスの叙事詩世界」に居る半神についての逸話であり、それにもとづく主張である。したがって、ソクラテスが語る「わたしたちの世界」は、裁判員のもつ「わたしたちの世界」に通じる基盤をもっている。それゆえ、当時の裁判員には「わかりやすい」論である。言うまでもなく、ソクラテスのもつ「わたしたちの世界」は、欺瞞をよく区別した理性の世界である。したがって、彼の主張には、欺瞞はない。しかし、その論は、「わたしし」が生きる「今ここ」の知覚経験（これは「わたしの理性」を構成する）を基盤にした論ではない。

「わたしし」が生きる「今ここ」の知覚にもとづく論は、そのあとに続けて提出されている。すなわち、「死は、知らない」から、という論である（29A）。言うまでもなく、ソクラテスは、他者の死なら、さまざま経験している。それは時間軸と空間軸をもつ「わたしたちの世界」を構成している一部である。したがって、ソクラテスが「知らない」と言っている対象は、「わたしの死」、すなわち、「死んでいるわたしし」の知覚である。そして「知らない」の主語は、言うまでもなく、「わたしし」である。

この言論は、明らかに「今ここ」に生きる理性の言論である。なぜなら、時間軸と空間軸をもつ世界なら、そこには、たくさんの人々の死があるからである。一方、「今ここ」には、「生きているわたし」しか居ない。そして、それはだれにとっても、である。なぜなら、目前の人々も「今ここ」で、生きているからである。それゆえ「どのわたし」も「わたしの死を知らない」。したがって、「わたしは死を知らない」は、普遍的な真理文（命題）である。そしてこの真理文は、「わたしにとって、わたしの死は、無である」と言い換えることができる。なぜなら、「知らない」ものは、理性にとって「無いもの」だからである。「無いもの」なら、気に留めるべきことではない。なぜなら、神が与えていないのだから。したがって、自分が死ぬことに配慮しないのは、恥ずべきことではない。なぜなら、それは神の意向に従っているから、「敬虔」であり、「正しい」と言えるからである。

他方、人は、「今ここ」で、死を予感することはある。ソクラテスも弁明を始める段階で、「己の最期」を予感していたのではないかと思われる（19A）。しかしこの「予感」も、「今ここ」の知覚であるなら、「死を知らない」という命題と矛盾するものではない。なぜなら、死を予感している理性は、「今ここ」で「生きている」理性だからである。そしてソクラテスが、裁判が終わったあと、友人たちに死後の世界について語ったことも、矛盾ではない。なぜなら、死後の世界については知らないとしても、自分に死刑の判決を与えたのは「神」の仕業であることを、神の手前、ソクラテスは「知らないとは言えなかった」からである。

それゆえ、ソクラテスは、自分の死を嘆く身近な友人たちに配慮して、自分の死は、「良いこと」であるに違いないと語った（40C以下）。

10 殺すことと殺されること

彼は、自分について有罪投票をした人たちや、自分を起訴した人たちについては、怒りはない、と言っていた（41D）。ただし、彼が怒りがないと言う理由は、自分が死刑に決まったのは、今しがた述べたように、神の立てた計画らしいから、という理由なのである。すなわち、ソクラテスは、裁判員の判断を死刑に導いてしまう自分の発言を、「例の合図が止めなかった」からだと言っている（同前）。「例の合図」というのは、ダイモーンの合図である。つまりソクラテスの死刑を、外的に、直接に決めたのは、たしかに裁判員であり、その裁判を開いた起訴人であるが、それへの道筋を作ったのは「神」であるとしか、ソクラテスには言えなかった。ところで、神が悪いことをするということはありえない。だとすれば、この死への道筋は、「善いこと」であると言わなければならない。

このような理由で、ソクラテスは、「自分が殺されること」を悪いことではなく、善いことだと、判断している。善いことであれば、それは「正しいこと」である。

ただし、ソクラテスは、誤解しないでほしい、と言わんばかりに、「わたしを『傷つけよう』という思いでしたことについては、彼らは、非難されるべきだ」と、言っている（41E）。なぜなら、「人を傷つける」ことは、「不正なこと」だからである。つまり「人を殺すこと」は、悪いことである。

すでに述べたように、善悪、正・不正は、1人称、2人称の世界に起こることである。つまり「わたし」と「あなた」の関係のうちに起こることである。そして、それがなぜか、と言えば、善悪、正・不正は、正確には、「わたし」の主体的行為の、善悪、正・不正だからである。つまり、それは行為する側に生起することであって、受ける側に生起することではない。したがって、「殺し」があったとき、たとえ一方の「わたし」が他方の「あなた」を殺す（二人以上いなければ殺人は起こらない）のであっても、不正は「殺す」側にあって、「殺される」側にあるのではない。

ふだん、人は、悪いことをされる側に、悪いことが及ぶのだから、「される側」にも不正が生起するのではないか、と考える。しかし、このような見方は、事態を3人称的に、客観的にとらえている。すなわち、ちょうど物理現象のように、まるで二人の間にボールがやり取りされるように、「悪いこと」が、一方から他方に渡されると見ている。しかし、正確には、すでに述べたように、不正や悪は、「わたし」という「主体の行為」としてしかありえない。受ける側に起きているのは、最悪の「事態」であって、「行為」ではない。そして事態としてある善悪は、3人称で記述される善悪であって、1人称がもつ道徳的な善悪ではない。

したがって、プラトンが『ゴルギアス』篇で、形を変えて繰り返し問題にしている「悪いことをするよりも、悪いことをされるほうが、より良い」という主張は、ソクラテス自身の主張ではない。なぜなら、ソクラテスは、「悪いことをするのは、端的に悪い」と言うが、「悪いことをされる」ことを、「悪いこと」だとは、言っていないからである。ソクラテスは、ただ、悪い事態を避けることは、善いことだと考えているだけである。なぜなら、「悪い事態を避ける」ことは、「生きることに配慮する」ことであり、「生きることに配慮する」ことは、「正しい配慮」だからである。

さらに、すでに説明した通り、客観的な事態には、「量的な比較」が成立するが、主観的な真理の世界では、「質的な比較」しか成り立たない。なぜなら、主観的な世界には量的な尺度（時間空間軸）がないからである。したがって、悪いことを「する」ことにおいて、悪意の「質的な多少」はあるが、「する側」と「される側」の間で、悪意の質的多少を比較することはできない。つまり、「する側」には、その「意図」における「悪質さ」が比較可能であるが、「される側」に起こる悪は、「事態としての悪」である。そして事態のうちに見いだされる悪は、「量的に比較される悪」である。それゆえ、比較するための共通項が、両者の間にない。

11 証明を補完する実体験

最後に、この理解を一般読者がさらに理解しやすいものとするために、著者自身の体験を記しておきたい。

というのは、著者も、病院のベッドのうえで身体の死に、かなり接近したことがあったからである。それは食中毒に起因したものだった。胃がサバに潜んで居たアニサキスにやられ、さらに腸も攻撃を受けて動きがなくなり、ガスがたまり、腸が閉塞状態になり、腸も動かなくなりはじめていた。毎日記録される体温が下がっていくので、わたしは一応、体温測定をしにきた看護師に聞いてみた。するとわたしの体温を計った若い女性看護師は、にこにこしながら「大丈夫ですよ、体温が下がっていったら、死んじゃうじゃないですか」と、無邪気に言うのだった。

わたしのほうは、そうか、やはり、という思いで聞いた。別に、そう言われたことで不安が募ったわけでも、心配になって家族や友人に会いたくなったわけでもなかった。個室だったので、他人の邪魔もなかった。個室で一人の長い時間、死を間近にした自分の体の命に向き合っていると、それまで自分の体の声をあまり聞いてきてあげなかったことを悔やむだけだった。そして自分の命に向き合うことが、こんなとき、とても気持ちの落ち着くことだと知った。

その後数日のうちに、わたしの体は毎夜、夜半二時から、三時半の激しい嘔吐で力を失っていった。ようやく、ある夜半遅くに、医者は、わたしのカルテの異常さに気づいて、明け方、あわてて大きな大学病院にわたしを救急搬送した。そこでのカルテには「全身ショック状態」と記録された。これは身体の機能が停止する寸前の意味だから、死の間際の意味である。わたしは、五、六人の病院スタッフによって緊急処置がとられ、身体のあちこちに管が入れられた。そのときになって、急に視野が狭まり、自分の体を動かせなくなっていることにわたしは気づいたが、わたしは静脈を通じて体に水分が流し込まれるのを感じながら眠りに落ち、二時間ほど眠った。

その後、わたしは近代的な設備のなかで、ゆっくりと体を回復した。そして、わたしはこの体験と、ソクラテスの哲学を考え合わせたとき、「自分の死の危険に配慮しない」ことの意味が、分かるように思える。なぜなら、「死の危険に配慮しない」ことは、「死の危険」の「反対のものに配慮する」ことだからである。ところで、反対にあるのは、「命への配慮」である。したがって、「自分の死の危険に配慮しないことは、恥ずべきことである」という命題の反対は、「身近な命に配慮することは、善美な事である」である。そして、「もっとも身近な命」とは、「自分の命」である。

12 自分の命に神との一致を見る

しかし、自分の命への配慮を優先することは、むしろ利己的ではないかと疑われるかもしれない。そしてキリストの言う「隣人愛」は、「隣人に対する愛」であって、「自分に対する愛」ではないだろうと、反対する人が居るかもしれない。しかしキリスト教で言う「隣人」とは、絶対主観である「わたし」の「隣人」であって、それは、絶対主体の「わたし」自身ではない。むしろ自分が「身体において受けている命」こそ、もっとも近い「わたしの隣人」である。

じっさい、「この命」は、わたしが「知覚を得る場所」であり、「わたし」が、もっとも近くで「真理を受け止める器」である。したがって、「わたし」という自己を正しく知覚する（自分の思い込みを排除できる）なら、「この命」こそ、もっとも愛さなければならない命である。仏教世界で、道元の『正法眼蔵』（生死巻）につぎのことばがある。「この生死は、すなわち、仏の御いのち也」。この「ことば」は、人生の同じ局面を語っていると、わたしには思える。

じっさい、わたしの体がショック状態に進んでいたとき、わたしは一人、自分の体の命と向き合った。すると、少なくとも、何の不安も、何の焦りもなく、むしろそれまで感じたことがなかったくらいに、自分の体の薄れゆく命が「愛しく」思えた。考えて見れば、自分の頭の中にあるものは、愚かな自分が考えたことに過ぎないけれど、体に与えられた命は、両親を通じて「神が与えた命」なのだから、まさに「善いもの」である。したがって、それが「愛しく」見えるのは、当然のことである。

思うに、わたしが聞いている範囲で言えば、不治の病を得て、自分の命の終わりを予期した時、「なぜ自分が」と苦しむ人が多いと言う。しかしそれは、神から受け取っている一番身近な命に、その人が気づいていないからである。なぜなら、自分の身体が病気のために死に近づいていることを、他者が健康で元気でいられることと比較することは、自分の身体の命に配慮することを忘れ、3人称の客観的立場に立って、自分と他者を比べることだからである。

なぜ人は、このように考えることを当然と見るかと言えば、人が社会から学ぶ「ことば」は、つねに自分を社会がもつ「市場原理」に結びつけるからである。市場では、つねに物と物が比較され、評価されて値札がつけられる。生活を省みれば、同じように、資本主義社会の全体で、自分が他の者と比較されて評価される日々がある。市場に参加しないものには、世の中の評価が与えられない。それゆえ、人はつねに社会に参加するように、言い換えれば、他者の仲間となるように、陰に陽に促される。

それは人との「絆」と呼ばれ、一見、心やさしい誘いに聞こえる。しかしこれは、じつは、一人の世界で神の声に耳を傾けることを忘れるように促す、市場社会の声（広告・宣伝）に過ぎない。積極的に社会に参加して、人間社会の言うことに耳を傾けるようにしなければ、人間社会は「君を評価しない」と、脅しているだけなのである。言うまでもなく、社会に評価されなければ、人は社会の中で生きていくことはできないから、容易に、人はこの脅しに屈する。

そしてそれは、本当の自分を捨てて、自分の身体を「自分の道具」と見なして、生きて行こうとすることである。つまりその人は、自分の身体を何らかの「喜びを得るための道具」と見なす。しかし、自分の身体を「道具」と見なす人は、他人によって「道具扱い」されても、文句は言えないだろう。なぜなら、自分の身体の命を道具視する人は、その人自身が、他者の身体を道具視する人だからである。なぜなら、「わたしの身体」と、「他者の身体」には、距離の違いだけがあるから。

ところで、すでに繰り返したように、真実に「わたしが生きる」局面には、時間の隔たりも、距離の隔たりもない。それゆえ、同じ「わたし」の、一方に対する態度は、他方に対する態度と一致する。小動物をいじめる精神、すなわち、小動物の命を快楽の道具と見る精神は、人間の間でも、自己の快楽のために他者をいじめる精神と一致する。[6]

それゆえ、自分の命に気づくことが、第一の隣人愛である。なぜなら、それは、神の愛に気づくことだからである。神が「わたし」に、命を与えてくれていることは、まさに「わたし」に対する「神の配慮」だからである。したがって、神が自分に与えた命は、「わたし」にとって絶対的なものであって、他者の命と比較されるものではない。なぜなら、「わたし」にとって、「わたしの命」は、「わたしそれ自体」だからである。それは1人称単数のうちに在る「絶対的な知覚」である。それを、3人称の科学的視野において他者の命と比較するとすれば、その思惟は、神に代わって各自の命を、「市場の中に置いて」、優劣の尺度で評価することにほかならない。言うまでもなく、それは神の視点からすれば、不正をはたらくことである。それゆえ、その人は、善き霊に恵まれて（エウ・ダイモニオン）幸福にはなれない。

他者と比較して自分を見るのではなく、自分自身を絶対的に見ることは、日本の文化世界を振り返ってみれば、仏教の座禅において容易に見て取ることができる。しかも聞くところによれば、カトリック教会も、神を観想するために、以前から一般的に座禅の様式を取り入れているという。このように、世間から離れ、自己を見つめることは、複数の宗教の良識に通じているのである。それゆえ、自分自身の命に絶対的に向かい合うことは、もっとも深い真理（神ないし仏性）に向かい合うことに違いない。

これまで述べてきたように、考えている「わたし」は、理性の「わたし」であり、この「わたし」は、「あなた」の理性とは、「今ここ」の一点でのみ出合うことができる。すなわち、たとえ身体的にいつも一緒に居ようとしても、心の中核においては、わたしたちの一致は、つねに、「語り合う」ことができる「今ここ」でのみの「一期一会」である。

それに対して、理性の「わたし」は、その理性が正しくはたらくとき、それが正しいものであるだけ、全体的に「神」と一致している。そのとき「神」は、わたしの全体を「包む」のである。「わたし」と一緒に「生きる」のである。つまり「わたし」と一緒に「語る」のである。[7] しかもそれは、「わたし」が「わたし」であるかぎり、「いつまでも」であって、「一期一会」ではない。他方、ぜいたくなことに、理性の「わたし」が「今ここ」で個々に経験する「知覚経験」は、それが神との関係であれ、事物との関係であれ、あるいは、だれか人間との関係であれ、時空間の尺度のない「永遠」の経験である。

それゆえ、わたしたちが、自分の人生を真に幸福なものであるようにしたいなら、哲学が教えるこの「理性の世界」を、大事にしなければならない。

1 ほかの話とともに、ノミの飛ぶ距離を知っているという話は、アリストパネス『雲』にある。
2 八木雄二著『裸足のソクラテス』春秋社、二〇一七年、第五章、第六章の拙訳。
3 同上、第六章のうち一六八頁以下（原典『饗宴』第八章）。
4 ここで指摘している問題は、中世に「人間イエスのうちに在る『神の子のペルソナ』」（神の受肉）の問題となった。
5 ただし、田中美知太郎をはじめ、ほかの訳者は、「エイエン」を、だれもこのように訳していない。イギリスの英訳も含めて、「さあ」と訳している。拙訳は、八木雄二著『ソクラテスとイエス』春秋社、二〇二〇年、八五頁。

6　誤解が起こらないように、次のことを付け加えたい。もしも小動物をいじめる精神が、人にはやさしい精神と同居していたら（そういうことがあるのは、わたしも知っている）、それは人格を分割している精神疾患（病気）によるものだと考えられる。

7　キリスト教における「キリスト」の解釈、「人間であると同時に神であるイエス・キリスト」という理解は、この理解を基礎にしている。そしてキリスト教神学では、「受肉論」と呼ばれる議論となっている。さらに別の視点から見れば、「神との一致」は、広く神学において「神の前に正しいこと」（神義論）の根拠をどこに見るか、に展開している。そして周知のように、神義論においてルターの宗教改革が生まれ、それがヨーロッパの時代の転換となったことは、この問題の重大さを反映している。しかも、こうした論のすべてが、『ソクラテスの弁明』に潜在していることに注目しなければならない。それゆえ、わたしたちが「哲学者」と呼ぶソクラテスは、当時のギリシア世界では、アテナイ市の「知恵者」と呼ばれた（38C）が、じつはユダヤ教的伝統の語彙を用いれば「預言者」であり、キリスト教的語彙の中では「キリスト」であり、なおかつ、仏教的語彙の中では「仏陀」なのだと、言うことができる。

あとがき

拙宅に、母親が遺した習字教室がある。通う子供が居なくなるまではと、なんとか繋いでいる。最近、小学五年生の女子に「子供の頃の将来の夢は何だったたか」と聞かれた。そういえば五年生のときにそんな題名の作文を書かされたな、と思った。

わたしは「哲学者になることが夢だった」と、答えた。作文にそう書いたのを憶えている。すると五年生の女子は、なーんだ、と言うような顔をしてわたしから目を離すと、わたしが母親の仏壇の前に置いた拙著『「神」と「わたし」の哲学』のほうを見やりながら、「夢を叶えたんだ」と言った。

今年で七十歳を迎える。この歳になって、自分のことを小学生に教えられるとは思わなかった。たしかに、思えば「わたし」は、「将来の夢を叶えた人間」だった。わたしは今の今まで自慢できるようなことは何もないと思っていた。それが「夢を叶えた人間」だと子供に言われて、「もしかしたら、これは大変なこと」かもしれないと思った。大体、夢というものは、夢に終わるのがふつうだ。スポーツ選手や歌手には、よく子供の頃からの夢だったという人が居る。わたしは、そんな話を聞くにつけ、夢を実現できるなんてすごい、と、いつも思っていた。

まさか自分がそのうちの一人になるとは、まったく思いもよらなかった。

令和四年四月　満開の桜を見て

八木雄二

著者略歴

八木 雄二　*Yuji Yagi*

1952年、東京生まれ。慶應義塾大学大学院哲学専攻博士課程修了。文学博士。専門はドゥンス・スコトゥスの哲学。現在、清泉女子大学非常勤講師、東京港グリーンボランティア代表。東京キリスト教神学研究所所長。著書に『スコトゥスの存在理解』(創文社)、『イエスと親鸞』(講談社選書メチエ)、『中世哲学への招待』『古代哲学への招待』(平凡社新書)、『「ただ一人」生きる思想』(ちくま新書)、『神を哲学した中世——ヨーロッパ精神の源流』(新潮選書)、『カントが中世から学んだ「直感認識」』(知泉書館)、『天使はなぜ堕落するのか——中世哲学の興亡』『聖母の博士と神の秩序——ヨハネス・ドゥンス・スコトゥスの世界』『哲学の始原——ソクラテスはほんとうは何を伝えたかったのか』『裸足のソクラテス——哲学の祖の実像を追う』『神の三位一体が人権を生んだ——現代思想としての古代・中世哲学』『ソクラテスとイエス——隣人愛と神の論理』『「神」と「わたし」の哲学——キリスト教とギリシア哲学が織りなす中世』(以上、春秋社)など。訳書にドゥンス・スコトゥス『存在の一義性——ヨーロッパ中世の形而上学』(知泉書館)、『中世思想原典集成』(共訳、平凡社)など。

1人称単数の哲学

ソクラテスのように考える

2022年5月20日　第1刷発行

著　者――――八木雄二
発行者――――神田　明
発行所――――株式会社　春秋社
〒101-0021 東京都千代田区外神田2-18-6
電話 03-3255-9611
振替 00180-6-24861
https://www.shunjusha.co.jp/
印　刷――――株式会社　太平印刷社
製　本――――ナショナル製本　協同組合

Copyright © 2022 by Yuji Yagi
Printed in Japan, Shunjusha.
ISBN 978-4-393-32399-1
定価はカバー等に表示してあります